숙박업 1분 경영

Copyright ⓒ 2022 published by Big Picture Company

All rights reserved. No part of this book may be reproduced, stored in a retrieval system, or transmitted in any form or by any means, electronic, mechanical, photocopying, recording, or otherwise, without prior permission in writing from the publisher.

저작권자 ⓒ 장준혁

이 책의 저작권은 저자에게 있으며 출판권은 큰그림(빅픽처컴퍼니)에게 있습니다.
이 책은 저자와 큰그림(빅픽처컴퍼니) 사이의 저작권 계약에 의해 출판되었습니다.
서면에 의한 저자와 출판사의 허락 없이 내용의 일부를 인용하거나 발췌하는 것을 금합니다.
이 책에 사용된 사이트와 프로그램, 로고는 해당 회사가 상표나 저작권을 가지고 있습니다.

숙박업 1분 경영

초판 1쇄 인쇄	2022년 6월 15일
초판 1쇄 발행	2022년 6월 17일
지은이	장준혁
펴낸곳	큰그림(빅픽처컴퍼니)
펴낸이	박상화
책임편집	정도환
디자인	디자인화
그래픽	데코앤데코
등록번호	제2021-000018호
등록일자	2021년 1월 27일
ISBN	979-11-87201-45-8 13320
주소	서울시 중구 퇴계로86길 29
전화	010-5229-5729
팩스	0503-8379-2187
이메일	bpcpress@naver.com

'큰그림'은 빅픽처컴퍼니 Big Picture Company의 출판 브랜드입니다.
잘못 만들어진 책은 구입하신 곳에서 바꾸어 드립니다.
값은 뒤표지에 있습니다.

숙박업 1분 경영

호텔·모텔·게스트하우스
경영의 모든 것

장준혁 지음

숙박TV

직원 관리 직원 교육
시설관리 노하우
수익 극대화 전략

MICK
고객만족 서비스
홍보 노하우

중소형호텔
게스트하우스
경영 비법

큰그림
BIG PICTURE COMPANY

추천사

《숙박업 1분경영》 추천사

대형 관광호텔에 종사하는 인력은 대학의 호텔경영학과 과정이나 호텔경영 전문서적 등을 통해 전문적인 교육을 받거나 도움을 받을 경로가 많다. 하지만 전국 숙박업소의 60%를 차지하는 중소형호텔 분야는 변변한 경영서적 하나 없는 것이 현실이다. 이런 점에서 이 책은 큰 의미를 지니고 있다.

저자는 이 책에서 중소형호텔 경영에서 반드시 필요한 효율적인 관리시스템을 말하고 있다. 거창한 경영 논리가 아닌 단순하지만 현실적인 내용으로 누구나 쉽게 현장에 접목할 수 있는 내용이다.

이 책은 중소형호텔 경영의 핵심을 MICK^{Marketing-마케팅, Installation-시설, Clean-청결, Kindness-친절}, 네 가지로 정리하고 있다.

첫 번째는 마케팅^{Marketing}이다. 중소형호텔의 마케팅은 과거에 없던 영역이다. 남의 눈을 피해 몰래 숙박업소를 드나들던 시절에서 이제는 당당히 숙박업소를 예약하고 방문하는 것을 넘어 이용후기까지 서슴없이 작성해 공유하는 시대가 되었다. 불과 십여 년 사이 고객들에게 많은 변화가 있었다. 이제는 중소형호텔 설립과 함께 마케팅을 시작하지 않는다면 숙박업소가 있다는 사실을 고객들이 인식하기 어렵게 되었다. 따라서 중소형호텔 경영자도 마케팅 유무를 고민하는 것이 아닌 어떤 경로로 마케팅 할 것인지에 대하여 깊은 고민을 할 시대가 된 것이다. 이 책은 이러한 취지에 맞추어 입지에 맞는 주 고객층에 적합한 마케팅이 무엇인지를 구체적으로 말하고 있다.

두 번째는 시설관리^{Installation} 시스템이다. 고객은 낡은 시설에 숙박하려 하지 않는다. 인근에 저렴하고 좋은 시설의 중소형호텔이 많은데 왜 시설관리가 제대로 되지 않은 곳으로 가겠는가. 중소형호텔은 장치시설업으로 효율적인 시설관리는 필수사항이다. 하지만 인력과 장비 부족을 이유로 시설관리가 제때 이뤄지지 않은 곳이 많다. 이 책은 중소형호텔에서 필요한 시설관리 항목을 정하고 구체적인 해결책을 제시하고 있다.

세 번째는 청결시스템^{Clean}이다. 고객이 중소형호텔을 선정할 때 가장 중점을 두는 요소는 청결이다. 열심히 하라는 관리자의 잔소리만으로 높은 청결도를 유지하기 어렵다. 저자는 객실청소부터 객실점검까지 24시간 높은 청결도를 유지할 수 있는 비법을 소개하고 있다.

네 번째는 친절^{Kindness}이다. 과거에는 친절의 중요성이 낮았다. 클로즈 형태의 프런트로 작은 유리 구멍을 통해 돈을 주고 객실 키를 받았던 시절이었다. 하지만 지금은 오픈형 프런트가 주를 이루며 고객을 응대하는 직원의 작은 몸짓과 표정까지 고객에게 노출된다. 이제는 중소형호텔 관리자가 프런트 직원의 의상부터 고객 응대 멘트, 전화 응대 멘트 등 사소한 것까지 모두 신경써야 한다. 저자는 중소형호텔 프런트 직원의 역할과 고객 맞춤 서비스란 무엇인지 구체적으로 안내하고 있다.

중소형호텔은 안전한 투자처라는 이미지로 투자나 창업을 꿈꾸는 사람이 많아졌다. 단순히 부동산 공인중개사의 말만 믿고 투자를 선택하는 사람도 있다. 이는 매우 위험천만한 일이다.

주식도 종목을 제대로 분석하지 못하면 투자실패로 이어지듯 중소형호텔도 이와 비슷하다. 중소형호텔의 특성을 제대로 알지 못하고 단순히 남의 말만 믿고 투자한다면 낭패를 볼 수도 있다. 이 책은 현재 숙박업소를 운영 중인 사람, 숙박업종에 몸을 담고 있는 사람, 숙박업 투자를 희망하는 사람이나 숙박업 진출을 고민 중인 사람들에게 많은 도움이 될 것으로 믿는다.

중소형호텔도 이제는 주먹구구식 경영에서 벗어나 효율적인 경영이 필요한 시점이다. 이 책은 중소형호텔을 24시간 효율적인 시스템으로 경영하고자 하는 이들에게 큰 도움을 줄 것이다.

경희대학교 교수 권문택

머리말

숙박업 경기가 해를 거듭할수록 악화되고 있다. 2016년에《숙박업 평일만실의 기적》을 출간했는데 그 때와 비교해서 현재 숙박업은 새로운 양상을 보인다. 공유숙박업이 등장했고, 모텔은 포화상태다. 많은 숙박업 경영자는 숙박앱에 등록하고 모바일 시대에 적극 대응하며 적극적으로 홍보한다.

이 책에는 중소형호텔과 게스트하우스의 경영자가 경쟁사와 비교해 비슷한 조건이라면 효율적인 경영과 관리비법을 소개한다. 더불어 목표로 정한 매출에 빨리 도달할 수 있도록 돕고 그것을 유지할 수 있도록 하는 전략을 소개한다.

숙박업에서 목표 매출을 달성하는 것을 42.195km 목적지에 도달하는 달리기 경주에 비유해서 설명하면, 달리는 방법을 바꾸면 더 효율적으로 더 빠른 기록을 낼 수 있다. 이것을 연구하는 것이 숙박업 경영자가 해결해야 하는 과제다. 숨은 어떻게 쉬어야 하고 팔은 어떻게 흔들어야 하며 체력은 어떻게 분배해야 하는지 알아야 경주에서 승리할 수 있다. 모로 가도 서울만 가면 되는 게임이라면 차를 타고가거나 자전거를 타고 가 남보다 더 빨리 고지에 도착하면 된다. 이런 방법이 중소형호텔이나 게스트하우스에서는 어떻게 적용되는지 책에서 자세히 알려줄 것이다.

나는 중소형호텔과 게스트하우스의 경영전략에 대해 여러 해 연구하였다. 잘 되는 곳에는 반드시 그만한 이유가 있었고 잘 되지 않는 곳에는 그만한 이유가 있었다. 재미있는 사실은 '중이 제 머리 못 깎는다'는 말처럼 경영하는 당사자들은 이런 사실을 전혀 모르고 있었다. 자신의 현실을 정확히 분석하고 내가 무엇을 잘하는지 못하는지 정확히 알아야 하며 그것을 깨달았을 때 올바른 선택으로 현실을 개선해 나갈 수 있다.

이 책은 중소형호텔과 게스트하우스를 비롯한 많은 숙박업관련 종사자에게 큰 도움이 될 것이다. 또 예비창업자에게도 현실적인 도움을 줄 수 있다. 창업을 시도하기 전 어떤 컨셉으로 어떻게 운영해야 할지 감을 잡을 수 있으리라 믿는다.

종이 한 장의 차이처럼 보이지만 작은 비법 하나가 평일 만실의 기적을 일으키는 차이일 수 있다. 중소형호텔과 게스트하우스별 각 입지와 주 고객층이 다르기에 자신이 속한 환경특성에 맞게 적용한다면 큰 시너지 효과를 기대할 수 있을 것이다.

장 준 혁

차례

추천사   4
머리말   6

1. 중소형호텔 경영의 핵심, MICK   13

MICK, 고객을 사로잡는 중소형호텔 경영 방법론   15
M (Marketing), 우리 숙박업소의 마케팅 점수는?   20
I (Installation), 우리 숙박업소의 시설관리 점수는?   23
C (Clean), 우리 숙박업소의 청결 점수는?   27
K (Kindness), 우리 숙박업소의 친절 점수는?   31
중소형호텔 SWOT분석과 MICK전략수립   36

2. 고객을 만족시키는 서비스   39

고객 피하기 서비스 vs. 다가가기 서비스   41
고객 불만에 적극적으로 응대한다   45
거스름돈은 새 돈으로   48
특별한 날에 준비하는 특별한 선물   51
1회용품 무상제공   54
비오는 날, 우산을 선물한다   57
스마트폰 충전기는 필수 비치품   59
고객이 심심할 때 이용하는 간식 서비스   62
객실 음료 선정은 신중하게   65
고객을 만족시키는 와인 잔 대여 서비스   68

3 숙박업의 성공은 고객응대에 달려있다 … 71

고객 응대 업무가 최우선이다 … 73
고객 응대 멘트를 통일한다 … 75
입실 문의에 최대한 긍정적으로 대답한다 … 78
룸쇼(room show)는 두 개의 객실을 안내한다 … 81
룸메이드팀을 부르는 호칭 … 84
추가요금 안내의 정석 … 87

4 호텔의 중심 프런트 데스크 … 91

프런트 데스크는 호텔의 중심이다 … 93
프런트 담당 직원은 한두 명만 배치한다 … 95
프런트는 항상 정리된 상태를 유지한다 … 98
신분증은 철저하게 확인한다 … 101
객실 배정에도 노하우가 있다 … 105
동선이 겹치지 않도록 안내한다 … 109
환불을 요구하는 고객 응대 … 111
프런트 전용 휴대폰 번호를 사용한다 … 118
CCTV를 효율적으로 활용하기 … 121
정산시스템을 최대한 간소화한다 … 125
호텔 업무는 간략하게 문서에 정리한다 … 128
청소를 독촉하지 않는다 … 131
고객 서비스 교육은 반드시 해야 한다 … 134

5 중소형호텔을 효과적으로 홍보하는 방법   137

중소형호텔에 스토리를 만든다   139
포털사이트를 활용한 호텔 홍보   142
파워블로거를 활용한 바이럴 마케팅   145
고객을 불러 모으는 이벤트를 기획한다   148
멤버십 회원 관리는 필수다   152
지식공유 서비스 댓글 관리   156
고객 질문은 홍보의 기회   159
이용후기는 고객의 목소리   162
이용후기를 관리하는 비법   165

6 중소형호텔의 직원관리, 직원교육   175

직원에게 긍정의 마인드를 심어준다   177
업무 매뉴얼을 만든다   180
중소형호텔에서 사용하는 외국어는 따로 있다   182
직원 유니폼을 통일한다   188
긴급 상황에 대한 교육은 정기적으로 실시한다   190
전 직원이 절약을 실천한다   194
직원에게 맛있는 식사와 간식을 제공한다   197

7 시설관리 노하우   199

시설 정비 시 반드시 호텔직원이 보조한다   201
직접 할 수 있는 시설관리   204

8 수익을 극대화하는 경영전략   209

성수기 특별요금은 미리 고지한다   211
고객 대기실을 설치한다   214
손에 닿는 시설을 중점적으로 관리한다   216
머리카락과의 전쟁   218
정기적인 찌든 때 청소   220
객실점검에서 이것은 꼭 확인한다   223
비품창고와 린넨실은 정리된 상태를 유지한다   227
소모품과 시설 교체 부품을 여유있게 준비한다   230
숙박업소에서 방역은 필수다   233
상시전원과 비상시전원은 반드시 구분한다   237
다중이용업소 화재 배상책임보험   239
주차장 배상 책임보험   241
승강기 비상통화장치 설치 의무   245
승강기 안에 갇히는 사고 발생 시 대처요령   247
비상탈출도구는 수시로 점검한다   250

맺음말   252

1
chapter

중소형호텔 경영의 핵심, MICK

MICK,
고객을 사로잡는 중소형호텔 경영 방법론

중소형호텔에서 평일에 만실을 기록하고 싶다면 무엇을 어떻게 해야 할까? 질문의 해답은 고객에게 있다. 중소형호텔 경영자는 고객을 잘 알아야 한다. 경영학에서도 고객의 니즈가 어디를 향하고 있는지 파악하는 것이 중요하다. 최근 중소형호텔을 찾는 고객은 과거의 여관이나 여인숙을 전전하던 고객이 아니다.

과거에는 '숙박업'이란 단어에 '음침함'을 먼저 떠올렸다. 최근 고객들은 많이 달라졌다. 특히 젊은층은 불과 십여 년 전만 하더라도 대학의 중간고사, 기말고사 기간에 도서관이나 빈 강의실을 찾았다. 최근에는 시험 기간에 중소형호텔을 찾는 대학생이 많아졌다. 이유가 뭘까? 중소형호텔에는 인터넷을 이용할 수 있는 컴퓨터, 영상자료를 출력할 수 있는 대형 TV, 함께 공부할 수 있는 테이블 등이 완비되어 있기 때문이다.

이처럼 달라진 트렌드가 사람들의 인식을 바꿔놓았다. 특히 젊은층에게 중소형호텔은 과거의 음침한 공간이 아니다. 집중할 수 있는 공간으로, 간섭을 받지 않는 공간으로, 그들은 중소형호텔을 도서관, 작업실, 여가를 즐기는 공간으로 생각한다.

십 여 년 이상 숙박업에 종사했다면 이런 변화를 실감할 것이다. 중소형호텔을 찾는 고객들의 인식이 바뀐 것 이상으로 숙박업 종사자의 생각도 변해야 한다. 변화를 받아들이지 않고 변화한 고객들을 사로잡는다는 것은 어불성설이다. 중소형호텔에서도 다른 산업과 마찬가지로 고객들의 니즈를 정확히 파악하고 전략을 세웠을 때 고객을 모으는 힘이 생기고 평일에도 만실을 기록할 수 있다.

고객을 사로잡는 방법은 무엇일까? 고객의 마음을 끌려면 MICK Marketing, Installation, Clean, Kindness 네 가지를 알아야 한다. MICK만 제대로 알고, 중소형호텔을 경영한다면 '평일 만실' 목표도 이룰 것이다.

'M'은 마케팅Marketing이다. 경영학에서 말하는 마케팅은 매우 방대한 영역을 다룬다. 마케팅은 홍보, 신규고객유치, 기존고객관리, 멤버십관리, 시장분석 등을 포함한다. 중소형호텔에는 신규고객유치에 초점을 맞추고 있다. 과거에 여관, 여인숙과 같은 숙박업종에서 홍보는 생각하기 어려웠다. 사회의 부정적 이미지도 한몫했다.

지금은 스마트폰의 확산과 개방적 사고로 인해 다양한 홍보 전략을 세울 수 있다. 포털사이트 키워드 광고, 스마트폰 앱 광고, 소셜커머스 활용, 블로그 광고 등 홍보 방법은 매우 다양하다. 중소형호텔의 입지와 정확한 고객층 분석을 통해 자신에게 맞는 적절한 홍보방법을 선택할 수 있는 시대다.

이 책에서는 여러 가지 홍보 방법을 제대로 활용하는 방법과 기대할 수 있는 효과를 다루었다. 숙박업에서는 신규고객들의 발길이 끊어져서는 안 된다는 사실을 기억하고 마케팅을 실천하기 바란다.

'I'는 시설Installation이다. 고객들은 낡은 시설의 숙박시설을 찾지 않는다. 고객은 월풀 욕조나 스파 욕조가 설치되어 있지만 작동하지 않고, PC가 있지만 인터넷이 느리거나 끊기고, 대형TV의 화질이나 음향이 기대 이하이거나, 에어컨에서 심한 소리가 나고 물이 떨어지는 중소형호텔을 찾아오지 않는다. 전국 숙박시설의 수는 5만 곳이 넘는다. 새로 지어진 최신식의 중소형호텔이 많다. 시설이 낡은 중소형호텔을 고객이 찾아갈 이유가 없다. 고객들은 최신식의 시설을 갖추고 합리적인 가격으로 이용할 수 있는 곳을 찾는다. 새로 지었거나 리모델링을 한 중소형호텔은 최신의 설비를 갖추고 홍보한다. 정기적으로 시설을 바꾸는 중소형호텔은 고객의 니즈와 최시 트렌드를 반영해서 시설은 지속적으로 관리한다.

"닦고 조이고 기름치자!"

군대에서 장비나 시설을 관리하는 정비대에서 이런 표어를 볼 수 있다. 장비나 시설을 관리하는 보직으로 근무하지 않아도 이 표어는 들어보았을 것이다. 서비스하는 업종에서 일하는 사람이라면 반드시 기억해야 한다. 전쟁 중에 장비가 고장나는 상황이 발생해서는 안 된다. 유사시에 바로 사용할 수 있도록 꾸준히 관리해야 한다. 중소형호텔의 시설도 군용시설 정비대처럼 꾸준히 관리해야 한다. 이 책에 실무에 필요한 시설관리 노하우를 담았다.

'C'는 청결Clean이다. 중소형호텔에서 시설을 관리하고 업그레이드하는 데는 상당한 비용이 든다. 청결한 객실을 준비하는 데는 큰 비용이 들지 않는다. 중소형호텔에서 관심을 갖는 만큼 고객에게 청결한 시설을 제공할 수 있다. 중소형호텔의 프런트로 고객들의 이런 문의전화가 온다.

"거기 깨끗한가요?"

중소형호텔에 방문한 고객은 프런트 직원에게 "깨끗한 객실로 주세요"라고 부탁하는 모습을 볼 수 있다. 모든 고객은 깨끗한 공간을 원한다. 중소형호텔은 가격에 따라 객실 등급이나 시설에 차이가 있지만, 이와 관계없이 모든 고객에게 깨끗한 공간을 제공해야 한다.

객실의 청결 상태는 룸메이드팀 직원 교육과 철저한 객실점검, 그리고 객실점검 결과를 룸메이드팀에게 피드백하는 과정을 반복하면서 상승시킬 수 있다. 중소형호텔은 객실의 청결 상태만 좋아도 고객의 기본적인 요구는 만족시킨다. 객실이 좁고 시설도 다소 낙후된 중소형호텔에서도 청결한 객실을 제공하여 평일에도 만실을 기록하는 곳이 많다. 청결한 시설을 제공하는 중소형호텔은 인터넷, SNS에서 만족한다는 후기를 받아서 새로운 고객을 유치하는 효과까지 기대할 수 있다.

'K'는 친절 Kindness이다. 친절은 고객서비스 CS, Customer Service를 뜻한다. 중소형호텔의 고객서비스는 특별하다. 중소형호텔에서는 일반 상점처럼 고객을 응대해서는 안 된다. 특급호텔 프런트를 상상해 보자. 고객이 호텔에 들어서는 순간 프런트에서 일하는 직원들이 일제히 미소를 지으며 고객을 응대한다. 하지만 중소형호텔에서 이런 방식으로 고객을 응대했다가는 고객이 놀라서 돌아나갈 지도 모른다. 왜일까? 특급호텔이나 비즈니스호텔을 찾는 고객들의 목적이 '비즈니스'인 반면 중소형호텔은 연인이나 남녀커플이 대부분이다. 중소형호텔을 찾는 고객들도 친절한 고객응대를 원하지만 여러 사람들에게 이목이 집중되는 것을 원하지는 않는다. 중소형호텔에서는 고객이 들어서는 순간부터 프런트 직원과 객실담당 직원들은 중소형호텔에 최적화된 고객 서비스를 제공해야 한다. 고객에게 거부감을 최소화하면서 '이 호텔은 친절하다'고 느끼게 만드는 고객응대

노하우는 따로 있다.

　이상의 네 가지 요소를 제대로 관리하기 바란다. 고객이 기본적인 니즈를 충족한다면 중소형호텔의 평일 만실은 걱정하지 않아도 된다. 네 가지 요소를 관리해서 나타나는 효과는 신규고객 유치와 기존고객 재방문이다. 여기서 마케팅M은 신규고객을 유치하는데 초점을 맞추었고, 시설I, 청결C, 친절K은 한 번 방문한 고객의 만족도를 높여서 재방문율을 높이는 기존 고객관리에 초점이 맞춰져 있다. 한 번 방문한 고객을 단골 고객으로 만드는 방법을 찾았다면, 그것이 무엇이든지 ^{법에 저촉되지 않는다면} 중소형호텔 경영 전략으로 삼아도 된다.

M (Marketing),
우리 숙박업소의 마케팅 점수는?

마케팅 경쟁이 치열하다. 숙박업에 몸을 담은 사람이라면 살로 느낄 것이다. 지금은 숙박업 창업과 동시에 마케팅을 시작할 만큼 기본이 됐다. 과거에도 이처럼 마케팅경쟁이 치열했을까? 그렇지 않다. 과거 십여 년 전만 하더라도 숙박업소 홍보는 생각하기 어려웠다. 특정 장소에 자리 잡고 있으면 쉬쉬하며 드나들던 곳이었다. 2002한일월드컵 개최와 성매매특별법 시행을 계기로 숙박업은 양지로 나왔다. 이 무렵 '야놀자'가 설립되었다. 이후에 스마트폰이 보편화되면서 마케팅 전쟁이 본격적으로 시작되었다.

중소형호텔에서 진행할 수 있는 마케팅에는 어떤 종류가 있는지 알아보겠다. 과거부터 많이 해온 포털사이트 키워드 광고가 있다. 가령 '강남 호텔'을 검색했을 때 상위에 노출될 수 있도록 광고하는 방법이다. 이와 함께 진행해서 시너지 효과를 기대할 수 있는 블로그 체험단 마케팅도 있다. 검색키워드에 업체정보와 함께 해당 호텔체험단의 글을 함께 노출시키는 방법이다. 스마트폰이 보급되며 고객에게 정보를 전달하는 매개체는 데스크탑에서 모바일로 옮겨갔다. 현재 가장 영향력 있는 마케팅은 종합숙박어플이다. 이 외에도 소셜커머스 광고, 예약대행사이트, 배너, 현수막, 홈페이지, 이벤트 개최 등 호텔을 알리는 방법은 다양하다.

우리 호텔을 홍보·마케팅 하기에 앞서 우리 호텔의 마케팅 점수를 알아보자.

마케팅 점검 항목	매우 그렇다 10	그렇다 7	보통 5	아니다 3	전혀 아니다 1
1. 블로그를 통해 홍보 활동을 한다.					
2. 소셜커머스를 활용해 객실을 판매한다.					
3. 모바일 애플리케이션 홍보를 진행한다.					
4. 포털사이트 이미지 메이킹(업체정보, 객실정보, 사진, 가격, 객실등급정보 등)을 하고 있다.					
5. 포털사이트 지식공유(인근 관광정보, 맛집 정보 공유)로 간접홍보를 한다.					
6. 포털사이트 키워드 광고를 한다.					
7. 배너, 현수막 등 호텔 주변에 오프라인 광고를 한다.					
8. 국내외 숙박 예약대행업체와 연계되어 있다.					
9. 시기에 맞는 이벤트를 정기적으로 진행한다.					
10. 여행사와 연계되어 있다.					

이상의 마케팅 외에도 홈페이지, 페이스북 페이지, 인스타그램 등 많지

만 효과가 있는 항목만 넣었다. 마케팅점수 80점 이상인 호텔이라면 '양호'라고 말할 수 있다. 하지만 50점 미만인 호텔이라면 마케팅전략을 다시 수립해야 한다. 이때 다양한 마케팅 방법을 무조건적으로 도입해서는 안 된다. 비용대비 광고효과를 따져야 한다. 중소형호텔을 찾는 주 고객층 특성과 입지를 고려한 마케팅전략이 필요하다. 경영자 뿐만 아니라 호텔 직원들의 의견까지 수용한다면 좀 더 나은 전략을 수립할 수 있다.

I (Installation),
우리 숙박업소의 시설관리 점수는?

중소형호텔에서 리모델링을 가장 많이 하는 시기가 언제일까? 바로 3월이다. 그 이유는 두 가지다. 첫 번째는 날씨 때문이다. 따뜻한 봄이 되어 새롭게 단장하는 호텔이 늘어난다. 또 겨울의 추운 날씨로 시설관리에 소홀했다면 정비, 보수하는 시점이기도 하다. 두 번째 이유는 학기가 시작하는 시기이다. 대학이 개강해서 대학생들은 신학기 적응에 분주하다. 중소형호텔 고객의 큰 영역이 젊은 층인 만큼 매출에도 큰 영향을 미친다. 이런 이유로 리모델링이나 대규모의 시설 정비는 3월 전후에 많이 이뤄진다. '창랑의 물이 맑으면 갓끈을 씻고 물이 더러우면 발을 씻는다'는 말처럼 매출 하락을 아쉬워하기보다 이 시기를 호텔 점검의 시기로 삼는다면 호텔을 한층 발전시킬 수 있다.

중소형호텔은 시설관리에 소홀해서는 안 된다. 고객이 중소형호텔을 선택하는 기준에서 답을 찾을 수 있다. 2016년 한 숙박 관련 매거진 설문조사에서 고객이 중소형호텔 선택 시 중점 항목을 순위별로 나열했다. 1위는 '청결'(40%), 2위는 '인테리어 및 시설'(30%), 3위는 '객실비품 및 일회용품'(20%) 순이었다. 중소형호텔 선정에 시설이 얼마나 큰 영향을 미치는지 쉽게 알 수 있다. 만약, 스파를 하기 위해 중소형호텔을 방문한 고객이 욕조에 물을 받고 버튼을 눌렀을 때 스파가 정상적으로 작동하지 않았다면 어떨까? PC를 이용하기 위해 호텔을 방문한 고객이 고장난 PC가 비치된 객실에 입실했다면 고객은 어떻게 생각할까? 이런 호텔은 고객의 재방문을 기대하기 어렵다.

중소형호텔의 시설관리 생활화는 선택이 아닌 필수 항목이다. 관리해야 할 시설에는 어떤 종류가 있을까? 먼저 시설을 관리하기에 앞서 시설관리 도구를 구비해야 한다. 당연한 말이지만, 막상 호텔을 방문해 보면 시설관리 도구가 제대로 구비되어 있지 않은 곳이 많다. 작은 공구인 드라이버, 펜치, 줄자부터 전동드릴, 에어콤프레샤, 사다리 등 호텔정비에 필요한 시설관리 도구는 반드시 갖추고 있어야 한다. 관리해야 하는 시설로는 PC, 에어컨, 히터, 보일러, 비데, 월풀, 스파, LED, 객실조명 등이 있다. 그리고 시설관리를 마쳤다면 반드시 시설관리대장을 만들어서 기록, 보관하고 인수인계해야 한다.

간혹 시설관리를 특정 직원 한 사람에게 일임하는 호텔이 있다. 매우 좋지 않은 방법이다. 숙박업은 교대 근무가 기본이고 이직률이 높다. 만약 담당 직원이 부재중이거나 휴가 중 또는 비번이면 시설관리도 멈춘다. 시설에 문제가 발생하면 담당자가 올 때까지 기다려야 한다. 이런 이유로 여러 명의 직원이 시설을 관리하는 시스템을 만들어야 한다. 만약 모든 객실이 판매된 상황에서 시설로 인한 클레임이 발생한다면 난감한 일이다. 그래서 시설관리교육을 정기적으로 실시해 불상사가 일어나지 않도록 노력해야 한다. 시설관리교육을 실시하기 전 숙박업종에 종사하는 사람이라면 기본적으로 숙지해야할 능력임을 인지시키는 것이 좋다.

우리 호텔의 시설관리 점수를 알아보자.

시설 점검 항목	매우 그렇다 10	그렇다 7	보통 5	아니다 3	전혀 아니다 1
1. 시설관리 도구(전동드릴, 에어콤프레샤, 사다리, 실리콘, 공구세트 등)를 구비하고 있다.					
2. PC를 정기점검(백신프로그램, 복구프로그램, 업데이트, 연결 상태 등) 한다.					
3. 비상정비부품(환풍기, 세면대트랩, 폽업 등)을 구비하고 있다.					
4. 객실시설(PC, 스파모터, 교체용TV 등) 여유재고를 보유하고 있다.					
5. 에어컨, 히터를 정기점검 한다.					
6. 보일러를 정기점검 한다.					
7. 욕실 시설(변기, 비데, 스파, 월풀, 백시멘트 깨짐 등)을 정기점검 한다.					
8. 환풍기(객실, 욕실)를 정기점검 한다.					
9. 객실 배선(컨트롤박스, PC, TV 등)이 잘 정리되어 있다.					
10. 시설관리교육을 정기적으로 실시한다.					

위 시설관리 항목 외에도 객실조명, 주차장시설 점검 등이 있지만 주요 항목만 항목에 넣었다. 시설관리점수 80점 이상이라면 '양호'라고 말할 수 있다. 하지만 50점 미만인 호텔이라면 시설관리 시스템을 돌아봐야 한다.

안타까운 일은 예방할 수 있는 문제임에도 방지하지 못해서 호텔 인지도와 신뢰도가 낮아지는 것이다. 위 시설에 문제가 발생할 경우 좋지 않은 이용후기 등록으로 이어져 예비 고객에게까지 악영향을 미칠 수 있다. 중소형호텔은 시설관리에 만전을 기해야 한다.

C (Clean),
우리 숙박업소의 청결 점수는?

고객이 중소형호텔을 선택할 때 가장 고민하는 부분은 무엇일까? 숙박관련매거진 설문에서 '청결'이 40퍼센트로 1위를 차지했다. 이 부분은 설문하지 않아도 중소형호텔 프런트에서 어렵지 않게 알 수 있다. 프런트를 방문한 고객이 직원에게 가장 많이 던지는 질문은 '청결'에 관한 질문이다. '객실 깨끗하죠?'라고 묻거나 '깨끗한 객실로 주세요.'라고 요구한다. 호텔의 시설과 인테리어를 어느날 갑자기 교체하거나 업그레이드하기는 어렵다. 하지만 철저한 교육과 관리감독을 통해서 고객이 머무는 객실뿐만 아니라 호텔 전체의 청결 상태는 조금만 노력하면 눈에 띄게 바뀐다.

청결교육은 구체적일수록 좋다. 그저 '우리 모두 열심히 합시다'라는 구호로 끝내서는 안 된다. 청결을 유지하는 방법과 실천이 필요하다. 만약 객실에 비치된 전기포트 바닥에 얼룩진 물때를 본 고객이 불쾌감을 나타냈다면, 객실관리 직원에게 '전기포트를 깨끗이 하세요'가 아니라 '전기포트 세척 시 ○○으로 이렇게 문질러 찌든 때를 제거 하세요'라고 정확히 전달해야 한다. 사례를 살펴보자. 한 고객이 토요일 저녁에 입실해서 여러 가지 배달 음식을 주문했다. 해당 고객이 퇴실 후 룸메이드팀이 들어가자 객실에는 음식 냄새가 배어있었다. 지배인은 열심히 닦고 환기시키라는 말만 전달했다. 하지만 오후 늦게까지 음식 냄새가 빠지지 않아서 다음날까지 해당 객실을 판매하지 못했다. 청결교육을 통해서 이런 일이 발생하지 않도록 사전에 힘써야 한다.

청결 매뉴얼은 청소 원칙을 세우는 일이다. 업무 시스템이 안정적인 조직에는 매뉴얼이 있다. 쇼핑몰 상담원의 안내, 기업의 업무처리 시스템, 국가기관의 업무처리 시스템, 위기관리 시스템 모두 매뉴얼이 존재한다. 중소형호텔의 청결 매뉴얼에는 어떤 항목이 필요할까? 객실 청소방법과 순서, 침대정리방법, 시설이상 발생 시 대처 요령 등이 필요하다. 매뉴얼은 해당 중소형호텔의 업무능률을 높이고 직원관리에도 도움이 된다. 경영자는 청결 매뉴얼을 만드는 것 자체에 의미를 두기보다 지속적인 보완을 통해 체계적인 청결 시스템을 확보하는데 중점을 두어야 한다.

중소형호텔 현장에서 객실점검Inspection을 하면 사소한 실수가 많다. 냉장고에 음료를 채우지 않았거나, 고객이 남긴 음료를 변기에 버린 직원이 변기 물을 내리지 않고 청소를 완료하기도 한다. 마시던 음료캔을 그대로 냉장고에 방치해 두는 등의 실수도 종종 발생한다. 룸메이드팀도 최대한 실수를 줄이기 위해 노력하지만, 사람이 관리하는 이상 일을 하다보면 실수가 발생한다. 이것은 객실점검에서 바로 잡아야 한다. 객실점검은 점검자가 점검항목이 적힌 리스트와 점검도구를 지참해 청소 및 시설 상태를 사전에 확인 적절한 조치를 하는 과정이다. 이때 객실점검 리스트를 직접 만들어야 한다. 호텔마다 객실의 구조, 시설, 비품 등이 달라서 호텔에 맞는 객실점검 리스트를 만들어 사용하면 된다. 수험생은 오답노트를 만든다. 실수를 반복하지 않기 위해서다. 호텔의 객실점검도 행위 그 자체에 그쳐서는 안 된다. 재발방지를 위한 피드백이 반드시 있어야 한다. 객실청소를 담당하는 실무자에게 객실점검 결과와 미흡한 점, 보완할 점, 청소가 잘 된 부분 등을 전달해서 향후 객실청소에 반영되도록 한다. 객실점검을 소홀히 하는 중소형호텔이 많다. 이유는 객실점검을 하는 데 인력과 비용이 필요하기 때문이다. 하지만 고객이 점검하지 않은 객실에 입실해 발생하는 손실과 비교한다면 객실점검은 선택이 아닌 필수 항목이다.

우리 호텔의 청결도를 알아보자.

청결 점검 항목	매우 그렇다 10	그렇다 7	보통 5	아니다 3	전혀 아니다 1
1. 청소매뉴얼이 있다.					
2. 룸메이드팀과 프런트 간 업무 연계가 원활하다.					
3. 평일에 정기적으로 찌든 때 청소를 실시한다.					
4. 청결교육을 정기적으로 실시한다.					
5. 이불빨래를 정기적으로 한다.					
6. 침대청소 시 이불커버(듀베커버), 시트(플랫시트)를 반드시 교체한다.					
7. 의무 방역활동 외 추가 방역활동을 실시한다.					
8. 객실점검 양식이 있다.					
9. 객실점검을 철저히 실시한다.					
10. 룸메이드팀에게 객실점검 결과를 피드백한다.					

위 청결항목을 기준으로 80점 이상인 호텔이라면 '양호'라 말할 수 있다. 하지만 50점 미만인 호텔이라면 청결 시스템을 돌아봐야 한다.

시설은 정기적인 점검이 필요한 항목으로 관심을 갖고 주의를 기울여야 하는 반면, 청결은 매일 매순간 관심의 끈을 놓아서는 안 된다. 고객에게 객실 청결에 대한 신뢰를 잃은 호텔은 고객이 남기는 이용후기를 통해 예비 고객까지 발길을 돌리게 만든다. 경영자는 호텔의 기본이 첫째도 청결, 둘째도 청결임을 잊어서는 안 된다.

K (Kindness),
우리 숙박업소의 친절 점수는?

특급호텔 프런트를 생각해보자. 고객이 입구에 들어서면 프런트에서 일하는 직원이 미소와 함께 허리 숙여 고객을 맞이한다. 특급호텔의 일상적인 장면이다. 만약 중소형호텔에서 이렇게 고객을 응대한다면 어떨까? 중소형호텔에 들어선 고객이 많이 낯설어 할 것이다. 어떤 고객은 뒷걸음질 치며 돌아나갈지도 모른다. 왜일까? 특급호텔이나 비즈니스호텔을 찾는 고객의 많은 수는 관광이나 비즈니스를 목적으로 하지만 중소형호텔을 찾는 고객은 연인이나 남녀커플이 대부분이다. 중소형호텔의 고객은 사람들에게 자신이 노출되는 것을 원치 않는다. 이런 이유로 특급호텔은 특급호텔에 맞는 친절을, 중소형호텔은 중소형호텔에 맞는 특별한 친절을 베풀어야 한다.

중소형호텔의 고객응대 매뉴얼은 필수다. 일상적인 고객응대부터 특별한 상황까지 구체적으로 가정해 대비해야 한다. 예를 들어, 차량 이용 고객에 대한 응대, 외국인 고객 방문에 대한 응대, 객실점검 직원이 복도에서 고객을 마주쳤을 때의 응대 등 구체적인 상황을 대비해야 고객이 만족하는 응대가 가능하다.

전 직원을 대상으로 하는 고객응대 교육은 반드시 필요하다. '전 직원'이라는 말을 이상하게 여길 수 있다. 하지만 중소형호텔의 모든 직원은 고객응대 교육을 받고 그에 맞게 실천해야 한다. 프런트에서 고객응대를 전문으로 하는 직원은 각 상황에 맞춰서 응대하면 되지만 룸메이드 직원이 복도에서 고객을 마주한 상황에 관한 교육을 하는 곳은 거의 없다. 호텔 경영자는 이런 상황까지 예상해서 사전에 교육해야 한다.

이런 사례가 있었다. 퇴실하던 고객이 프런트로 와서 갑자기 항의를 했다. 고객은 퇴실하기 위해 객실을 나섰는데 복도 끝에 있던 남자직원이 여자친구를 한참동안 빤히 바라봐서 불쾌하다고 말했다. 고객의 입장이 이해가 된다. 이런 상황을 방지하기 위해 전 직원 고객응대교육이 필요하다. 만약 예상하지 못한 상황에서 직원이 고객을 마주했다면 가벼운 미소와 함께 시선은 아래로 한 채 목례를 하며 지나가면 된다. 복도로 들어설 무렵 고객이 입실한 객실 문이 열린다면, 고객이 지나간 후에 직원이 이동하는 것이 바람직하다. 중소형호텔의 '친절'은 프런트 직원뿐만 아니라 전 직원이 실천해야 한다.

고객응대에서 통일해야 하는 게 있다. 바로 용어다. 학교를 예로 들어 설명하겠다. 고등학교에는 있지만 대학교에는 없는 세 가지가 있다. 교실, 선생님, 숙제 이 세 가지가 대학교에는 없다. 대학교에는 교실 대신 강의실, 선생님 대신 교수님, 숙제 대신 레포트가 있다. 단어의 의미에는 큰 차이가 없지만 고등학교에선 쓰지 않고 대학교에서 쓴다. 중소형호텔도 마찬가지다. 직원이 어떤 용어를 사용하느냐에 따라 중소형호텔이 모텔이 될 수도 호텔이 될 수도 있다. 모텔에는 있지만 호텔에 없는 세 가지를 알아보자. 카운터, 방, 대실 이 세 가지는 호텔에서는 찾아볼 수 없다. 카운터는 프런트로, 방은 객실로, 대실은 객실이용으로 부른다. 고객을 응대할 때의 용어 사용은 통일해야 한다. 큰 비용을 투자해 인테리어로 호텔을 업그레이드 할 수도 있지만 직원교육과 용어를 통일하는 것만으로도 호텔 이미지는 업그레이드 된다. 평소 사용하는 용어를 달리함으로써 직원이 일에 대한 자부심을 높이는 데도 도움이 된다. 사용하는 용어에 따라서 모텔 직원이 아니라 호텔 직원으로 행동하게 된다.

우리 호텔의 친절도를 알아보자.

친절 점검 항목	매우 그렇다 10	그렇다 7	보통 5	아니다 3	전혀 아니다 1
1. 고객응대 매뉴얼이 있다.					
2. 거스름돈으로 사용할 깨끗한 돈을 항시 준비한다.					
3. 직원과 고객이 만나는 동선을 프런트에서 관리한다.					
4. 전 직원 고객응대 교육을 정기적으로 실시한다.					
5. 프런트에는 고객응대 교육을 받은 소수의 인원이 고객을 응대한다.					
6. 직원들이 사용하는 용어(호텔, 객실, 프런트 등)를 통일하고 있다.					
7. 일지(일보) 기록이 단순화 되어 있다. (고객응대에 집중하기 위함)					
8. 객실관리프로그램을 최대한 활용한다. (화면 모니터링으로 전객실 파악이 가능한 시스템 구축)					
9. 객실 이용후기를 철저히 관리한다. (숙박 앱, 호텔 홈페이지 등)					
10. 자체 블로그나 홈페이지를 통해 공지사항, 이벤트 등을 공지한다.					

이상의 친절 항목을 기준으로 80점 이상인 호텔이라면 '양호'라 말할 수 있다. 하지만 50점 미만이라면, 고객응대 방법을 진지하게 고민하여 개선하기 바란다.

한일월드컵이 중소형호텔을 만들었다?

월드컵이 중소형호텔과 어떤 관계가 있을까? 세계적인 스포츠 경기와 숙박업은 무관해 보인다. 여기서 '중소형호텔'은 일반호텔, 모텔, 여관 등을 통칭한다. 일반호텔은 관광호텔과 구분하기 위해 별도의 명칭(일반호텔)으로 부르게 되었다. 이런 명칭은 모텔, 호텔, 여관에서 자유롭게 상호를 사용하도록 법이 개정되면서 숙박업소의 상호가 다양해졌다. 그 결정적 계기가 바로 한일월드컵이다.

2002년 한일월드컵이 열리는 기간에 우리나라에 외국인 관광객들을 수용할 호텔이 부족했다. 다음은 당시에 숙박시설이 부족한 사실을 알리는 기사 제목이다.
"호텔객실, 월드컵 숙박 수요에 크게 못 미쳐 (연합뉴스 1998.9.3.)",
"월드컵 때 호텔 객실 부족으로 서울시 골머리 (한국경제 2002.2.8.)"
전국적으로 월드컵 경기장 주변에는 객실이 부족했다. 몇 달 사이에 호텔을 지을 수도 없고, 짓는다 해도 월드컵이 끝난 후에 공실을 염려하지 않을 수 없었다.

정부에서는 고민 끝에 모텔 상호를 호텔로 바꿀 수 있도록 법을 개정했다. 2002년 한일월드컵 개최 전 신설된 조항을 살펴보면 "관광진흥법 시행령 제8조 (상호의 사용제한)" 첫 번째 항목에 "관광숙박업과 유사한 영업의 경우 관광호텔과 휴양 콘도미니엄"이라고 되어 있다. 다시 말해, 관광호텔 상호는 사용하지 못 하도록 규정하고 있을뿐, 그 외 호텔 상호 사용에는 제한을 두지 않고 있다. 2002년에 관광 진흥법 시행령을 개정하면서 모텔은 호텔로, 여관은 모텔로 한 단계씩 급을 높여 상호를 사용하기 시작했다.
길거리를 걷다 보면 누가 봐도 모텔인데 호텔 상호를 사용하는 숙박업소가 많다. 심지어 객실이 10개 내외로 작은 숙박업소도 호텔 상호를 걸고 있다. 향후 확장을 계획 중인 숙박업소도 호텔 상호를 사용한다. 상호를 바꾸는 것만으로 고객에게 한 단계 급을 높이는 느낌을 주기 때문이다.

관광호텔과 중소형호텔의 차이점이 많다. 관광호텔로 허가를 받으려면 객실 30개 이상, 각 객실 면적이 약 19제곱미터(5.7평)를 넘어야 하며, 외국어로 응대가 가능한 부대시설을 마련해야 한다. 한국관광공사를 통해서 호텔 등급 판정도 받아야 한다.
한일월드컵 이전에는 중소형호텔이라는 개념이 없었고 규모가 작은 숙박업소는 모텔과 여관이라는 상호를 사용했지만 월드컵을 계기로 법 조항이 신설되면서 상호에 호텔을 넣은 숙박업소가 크게 늘어났다. 현재 우리는 일반호텔, 모텔, 여관 등을 통틀어 중소형호텔이라 부른다.

중소형호텔 SWOT분석과 MICK전략수립

《손자병법》에 '아군의 강함으로 적의 약함을 친다'라는 문장이 나온다. 손자병법의 13가지 전략 가운데 핵심 전략이다. 이 전략을 실행하려면 전쟁을 하기 전에 적의 상황을 정확하게 파악해야 한다. 전쟁에서 승리하기 위한 전략을 제대로 짜기 위해서 우선 적과 나를 제대로 알아야 한다.

기업의 마케팅 전략도 마찬가지다. 경영학에서 주로 사용하는 마케팅 기법 중 하나로 SWOT분석 기법이 있다.

SWOT분석에 따른 마케팅 전략 수립

외부환경 \ 내부환경	강점 (Strength)	약점 (Weakness)
기회 (Opportunity)	기회-강점(OS) 이용전략 기회를 활용하기 위해 강점을 사용하는 전략	기회-약점(OW) 만회전략 약점을 보완함으로써 기회를 활용하는 전략
위협 (Threat)	위협-강점(TS) 회피전략 위협을 회피하기 위해 강점을 사용하는 전략	위협-약점(TW) 극복전략 약점을 보완함으로써 위협요인을 최소화하는 전략

기업의 내부환경을 분석하여 강점 Strength과 약점 Weakness을 파악하고, 외부환경을 분석하여 기회 Opportunity와 위협 Threat 요인을 발견해서 마케팅 전략을

수립하는 기법이다. 강점은 살리고 약점은 보완하며 기회를 극대화하고 위협 요인은 최소화하는 전략을 수립한다.

다음은 서울에 위치한 C호텔을 SWOT분석으로 나타냈다.

강점 (Strength)	약점 (Weakness)
• 역세권(전철역에서 100미터 거리) • 규모가 크지 않지만 고급스러운 이미지 • 종사원들의 외국어 능력 높음 • 최신형 컴퓨터 전객실 비치 • 넷플릭스 설치 및 무료 이용 • 스넥바 운영	• 호텔고객이 중년층에 집중되어 있음 • 경쟁 호텔에 비해 적은 객실 수 • 주차공간 협소 • 단체고객 거의 없음
기회 (Opportunity)	위협 (Threat)
• 관광활성화 지역으로 선정 • 고객인식전환, 넓은 객실보다 좁아도 효율적인 객실선호	• 코로나19 장기화로 경기불황 • 선두 진입 중소형 호텔들의 강한 입지 • 인근에 새로운 중소형호텔 출현

위의 SWOT분석을 토대로 마케팅 전략을 수립한다. OS전략^{기회-강점전략}으로 종사원들의 높은 외국어 능력을 적극 활용하기 위해서 해외 관광객을 유치할 수 있는 관광회사나 관광 가이드와 계약해서 단체 고객을 유치하는 방법이 있다.

TS전략^{위협-강점전략}으로 젊은 층의 PC사용률이 높다는 점을 이용하여 전 객실에 비치된 최신형 컴퓨터와 넷플릭스 설치를 홍보하면 인근에 새로 지은 중소형호텔과 경쟁하여 젊은 고객 유입을 늘릴 수 있다.

이처럼 자신의 강점을 이용해서 약점을 보완하고 위협을 피하면서 기회를 찾는 전략을 쓴다면 고객 유치를 위한 마케팅 전략을 수립하는 데 수월할 것이다. 전략 수립에 앞서 정확하고 냉철한 SWOT분석이 이뤄지지 않는다면 마케팅 전략을 제대로 세울 수 없다.

위 SWOT분석 자료를 토대로 C호텔의 MICK전략을 수립하면 다음과 같다.

마케팅 M(Marketing)	시설 I(Installation)
• 젊은층을 겨냥한 유튜브 홍보영상 제작 • 코로나 상생 할인이벤트 실시 • 마스크 제공 이벤트 • 고 사양 컴퓨터 전객실 비치 홍보 • 해외 예약 사이트 활용, 외국인 고객 유치	• 젊은 감각의 객실 분위기 연출 (젊은 감각의 소품과 인테리어 등) • 외국인고객을 고려한 트윈배드 비치
청결 C(Clean)	친절 K(Kindness)
• 룸메이드 교육 실시 • 정기적인 찌든 때 청소 • 객실점검 및 룸메이드팀 피드백	• 국내 및 해외 고객응대 매뉴얼 생성 • 단골 고객 맞춤 서비스 제공

이와 같이 호텔의 객관적인 환경 분석을 통해 MICK전략을 수립한다면 평일만실의 기적에 한 걸음 다가갈 수 있다. 지금 당장 펜을 들고 우리 호텔의 현황을 정리하기 바란다.

2
chapter

고객을 만족시키는 서비스

고객 피하기 서비스 vs. 다가가기 서비스

고객응대에 최선을 다해야 하는 중소형호텔에서 '고객 피하기 서비스'라는 말이 좀 황당하게 들릴 수 있다. 중소형호텔에서 고객을 피하는 이유는 이렇다. 중소형호텔은 특급호텔이나 비즈니스호텔과는 차이가 있다. 우선, 규모에서 차이가 있고 주요 고객이 다르다. 비즈니스호텔에는 업무나 회의를 위해서 방문 또는 투숙하는 고객이 많은 반면, 중소형호텔에는 연인이나 남녀 커플 고객이 주를 이룬다. 방문 목적의 차이로 중소형호텔의 고객 중에는 직원의 서비스를 마다하는 경우가 있다. 중소형호텔에서는 고객의 심리를 잘 헤아려 응대해야 한다.

예를 들면 이런 경우다. 고객이 수건을 추가로 더 가져다 달라는 요청을 했다면, 직원은 객실 벨을 누르고 문 뒤에서 고객에게 수건을 건네주는 게 좋다. 일명 '문 뒤 서비스'다. 친절한 응대를 하려고 고객 앞에 불쑥 나서는 것은 좋지 않다. 고객의 심리를 제대로 파악해서 응대하는 요령이 필요하다. 고객이 따로 요청할 게 있다면 문 뒤에 있는 직원을 부를 것이다. 그때는 고객과 얼굴을 보며 응대해도 좋다. 중소형호텔에서는 고객을 피해서 서비스하는 것을 원칙으로 하는 게 바람직하다.

프런트에서 고객을 응대할 때도 마찬가지다. 중소형호텔의 고객응대는 서점, 커피전문점에서 하는 것과 다르다. 고객이 프런트로 걸어오면 친절한 표정으로 응대하되 짧게 눈을 맞추고 시선을 길게 마주하는 것은 피한다. 짧게 눈을 맞추는 이유는 미성년자 출입을 방지하기 위해서다. 호텔 직원에게 얼굴이 보이는 것을 꺼리는 고객이 많다. 설령, 얼굴을 아는 단골고객이 왔다고 해도 일행이 다른 사람일 수도 있어서 과한 친절은 피하고 간단한 인사만 나눈다. 고객이 들어올 때 짧게 눈을 마주치는 것은 반드시 필요하다.

청소하는 직원이 복도에서 고객과 마주쳤다면 어떻게 해야 할까? 당당하게 지나가야 할까? 그렇지 않다. 고객이 앞에서 직원이 있는 쪽으로 걸어온다면 비어있는 객실로 잠시 몸을 피하거나 계단 또는 비상구로 피해서 고객이 불편하지 않게 배려한다. 만약 고객이 복도 맞은편에서 걸어오는 데 피할 곳이 없어 마주쳐야할 상황이라면 시선을 피하고 가볍게 목례하며 이동한다. 고객이 엘리베이터를 기다린다면 엘리베이터에 탑승한 후에 다음 엘리베이터를 타거나 계단으로 걸어간다. 고객응대 업무는 서비스 교육을 받은 프런트 직원이 전담한다.

게스트하우스는 중소형호텔과 함께 숙박업으로 분류하지만 고객 응대는 중소형호텔과 다르다. 중소형호텔에서는 고객 서비스를 담당하는 직원이 프런트에 상주한다. 하지만 게스트하우스에서는 1층이나 로비에 마련된 공용 공간 거실 겸 대기 장소, 공동 주방 등에서 호스트가 고객을 응대한다. 호스트는 게스트하우스를 찾는 여행객에게 친근하게 다가가야 한다.

여행지 정보나 교통편, 음식, 맛집, 편의시설 등을 이야기하면서 고객이 친근함을 느끼게 한다. 게스트하우스에 호스트의 가족도 함께 거주한다면 가족이 고객을 피하기보다 형, 누나, 동생을 대하듯 자연스럽게 생활한다. 게스트하우스를 방문한 고객이 편안한 느낌을 받았다면 다시 찾아올 가능성이 높다. 지인에게 게스트하우스를 소개할 수도 있다.

무인텔 미성년자 혼숙, 숙박업주 무죄판결!

숙박업소 직원과의 대면을 불편하게 생각하는 고객이 많다. 이런 고객을 배려해 호텔 직원과 대면을 최소화 한 무인텔이 생겨났다. 무인텔도 일반 숙박업소 운영시스템과 크게 다르지 않다. 다만, 고객의 시야에 직원이 보이지 않을 뿐이다. 과거에는 도심 외곽에 많았지만 최근 도심에도 무인텔이 늘어나는 추세다.

호텔 직원의 응대 없이 입실하고 퇴실하는 무인텔에 미성년자가 방문한다면 어떨까? 과거 이런 사건이 있었다. 2013년 지방 도시의 무인텔에 미성년 여성과 성인 남성이 함께 입실했다가 경찰에 적발되었다. 그래서 무인텔 주인은 재판에 넘겨졌다. 하지만 모두의 예상을 깨고 미성년자혼숙으로 적발되었음에도 1심 무죄판결이 났다. 항소심으로 이어졌고 2심도 무죄, 대법 최종 판결도 미성년자혼숙을 방조했지만 무인텔 주인은 무죄라는 판결이 내려졌다.

당시에 무죄가 나온 이유는 이랬다. 무인텔은 키오스크로 결제하고 곧바로 객실로 들어가는 시스템인데 무인텔 주인은 그들이 입실할 당시 현장에 있지 않아 고의로 미성년자를 입실시켰다고 보기 어려워서 무죄로 판결했다. 이 판결은 방송사 뉴스와 언론매체에서 대대적으로 보도하며 사회적으로 큰 파장을 일으켰다. 이런 판례가 나오면 무인텔은 미성년자혼숙의 온상이 될 수도 있다는 우려의 목소리가 높았다.

대법원 판결이 난 다음 해 2017년도에 청소년보호법이 개정되었다. 개정된 내용은 다음과 같다. 무인텔을 운영하는 숙박업자는 미성년자혼숙을 방지하기 위해 신분증으로 투숙객의 나이를 확인하고 신분증의 진위 여부를 판별할 수 있는 설비를 갖춰야 한다는 내용이었다. 청소년보호법이 개정된 이후에는 무인텔이라도 미성년자혼숙이 적발되면 일반 숙박업소와 동일하게 처벌을 받는다.

고객 불만에 적극적으로 응대한다

서비스업을 이용하는 고객은 언제든, 어떤 불만이든지 제기할 수 있다. 고객의 불만은 중소형호텔에 국한된 일이 아니다. 백화점, 통신사, 인터넷 쇼핑몰, 음식점 등 고객을 응대하는 업종에서는 어떤 형태로든 불만이 발생한다. 불만을 제기한 고객을 블랙리스트에 넣기 보다 불만 요인을 줄이고, 불만에 대응하는 방법, 개선하는 방법에 초점을 맞춘다.

호텔에서는 수건, 시트, 가운 등을 세탁해서 고객이 사용할 수 있도록 준비한다. 이때 세탁이 제대로 되지 않아서 고객에게 불쾌감을 줄 수도 있다. 객실의 청소 상태가 양호하지 않아 고객이 불만을 제기할 수도 있다. 프런트에서 직원의 불친절로 불만을 제기할 수도 있다.

대부분의 불만은 고객의 주관에 기인한다. 고객 불만이 발생하면 고객을 진정시키는 응대가 먼저다. 고객이 불만을 제기하면, 직원은 고객의 말을 경청하고, 불편하게 느낀 부분을 공감해야 한다. 고객을 이해하려고 노력하면서 낮은 자세를 취한다. 직원이나 담당자 입장에서 사전에 처리할 수 없는, 불가항력의 일이라도 서비스를 제공하는 입장에서 고객의 불만에 호응해야 불만을 제기한 고객을 진정시킬 수 있다. 때로는 불만을 제기한 고객에게 보상이 필요할 수도 있다. 사안에 따라 적절한 보상을 해주는 것은 직원이 재량에 맡긴다.

여기서 주의할 사항이 있다. 중소형호텔에서 고객이 거칠게 불만을 제기한다고 해서 직원이 다급하게 환불해주거나 보상하는 것은 올바른 응대가 아니다. 고객의 입장에서 돈을 돌려주고 내보내려고 한다는 이미지를 받으면 더 큰 불쾌감을 느낀다. 만약, 호텔 직원의 실수나 대비할 수 없는 부분에서 발생한 불만으로 고객이 환불을 요구한다면, 직원이 상황을 판단하여 정중하게 죄송하다는 사과와 함께 환불을 해준다. 하지만 고객이 불만을 제기할 때마다 환불로 응대하는 것은 좋은 방법이 아니다.

상황에 따라 자세를 낮추지 말아야 하는 경우도 있다. 고의적으로 불만을 제기하는 고객도 있다. 실제로 이런 일이 있었다. 한 번은 고객이 프런트로 전화해서 객실에 비치된 수건에 피가 묻어 있다며 항의했다. 객실의 수건을 확인 결과 수건에 묻은 것은 피가 아니라 여성고객의 화장품 파우더였다. 색조 화장품 성분은 세탁해도 깨끗하게 지워지지 않는 경우가 있다. 한눈에 봐도 피가 묻은 것이 아니었지만 고객은 피가 묻었다고 했다. 수건의 상태를 확인하지 못해서 죄송하다고 사과하고 고객에게 상황을 설명했다.

수건을 세탁한 후에 파우더 흔적이 남은 것을 발견하지 못한 것은 숙박업소의 실수다. 파우더가 희미하게 남아있는 것과 이물질이 묻은 수건을 세탁하지 않은 채 고객에게 제공한 것은 큰 차이가 있다. 고객이 불만을 제기한다고 고객의 말에 섣불리 동의했다가는 세탁하지 않은 수건, 이물질이 묻은 수건을 제공하는 숙박업소로 낙인찍힐 수 있다.

며칠 뒤 불만을 제기한 고객이 이용후기를 남겼다. 피 묻은 수건을 제공하는 숙박업소라며 불만을 토로했다. 호텔에서 고객에게 전화를 걸어 당시 상황을 다시 설명하고 사실과 다른 내용을 공개된 게시판에 남기는 것은 고객 입장에서도 문제가 될 수 있다는 사실을 알리고 직접 삭제해 줄 것을 요구했다. 결국, 고객이 쓴 후기를 자진하여 삭제했다. 이렇게 피 묻은 수건 사건은 마무리되었다. 요즘은 후기를 확인하고 예약하는 고객이 많다. 이렇게 중소형호텔의 공개된 게시판에 불만을 제기하는 글이 올라오면, 적극적으로 대응해야 한다. 호텔의 운영상 미숙한 점으로 고객이 불만을 느꼈다면 고객에게 정식으로 사과하고 보완하는 노력이 필요하다. 고객이 악의적인 후기나 과장된 후기, 거짓 후기를 등록한다면 이용 후기 담당자에게 연락해서 허위 사실임을 알리고 사실과 다름을 통보해서 삭제해 달라고 요청한다.

고객 불만을 긍정적으로 활용할 수도 있다. 고객이 객실을 이용한 후 불편했던 점이나 아쉬운 점을 후기에 남겼다면, 불편 사항을 생각해보고 호텔에서 개선하는 방법을 논의하고 효과적인 방법으로 개선한다. 이것이 올바른 대응이다.

고객이 객실에서 와이파이가 연결되지 않아서 불편했다는 후기를 올리면 직원들과 상의한 후에 전 객실 와이파이를 사용할 수 있도록 무선 인터넷 환경을 갖춘다. 시설이나 객실에 대규모 공사가 필요한 것이 아니라 작은 투자와 노력으로 고객의 편의를 도모할 수 있다면 개선해 고객의 불만을 줄이는 게 고객을 만족시키는 최선의 방법이다.

거스름돈은 새 돈으로

설날이 되면 가족과 친척이 모여서 차례음식을 만들고 집안 어른께 세배를 드린다. 아이들은 친척 어른과 사촌들이 모인 시끌벅적한 분위기에 들뜬다. 어른들은 오랜만에 만난 친지들과 만나서 기쁘고 아이들은 설날 세뱃돈을 받아서 즐겁다. 세뱃돈이 많던 적던, 금액과 상관없이 아이들의 즐거움을 더하는 요인은 따로 있다. 그것은 새 돈(신권)이 주는 즐거움이다. 빳빳한 새 돈, 구김이 없는 지폐인만큼 더 소중히 여기고 간직한다. 돈을 쓸 때도 낡은 지폐부터 사용하게 된다.

요즘은 카드, 모바일앱으로 결제해서 현금을 주고 받는 일이 줄었다. 현금을 받아야 할 때가 있다. 프런트에서 고객에게 거스름돈으로 새 돈을 건네면 어떨까? 은행에서 새 돈으로 바꿔서 고객에게 거스름돈으로 건네주었더니 고객 만족도가 매우 높았다. 거스름돈을 새 돈으로 받는 게 당연하다는 듯 아무렇지 않게 가는 고객이 있는 반면, 대부분 새 돈을 받은 고객은 돈을 지갑에 넣으며 미소짓는다. 새 돈으로 거스름돈을 준비한 직원에게 감사하다고 말하는 고객도 있다. 고객 입장에서는 우연이든 서비스든 중요하지 않다. 단지 새 돈을 받고 기분이 좋은 것이다. 만약,

고객이 재방문했을 때도 거스름돈을 새 돈으로 받는다면 호텔에서 고객을 위해 준비한 배려라는 것을 알게 된다. 당연히 해당 고객이 비슷한 가격과 시설의 숙박업소를 찾는다면 해당 호텔을 방문할 확률이 높다.

새 돈은 시중은행에서 구할 수 있다. 하지만 새 돈으로 바꿔주는 금액이 한정되어 있다. 때문에 많은 금액을 한 번에 새 돈으로 바꾸기는 어렵다. 은행에서 새 돈을 구하기 어렵다면 굳이 새 돈일 필요는 없다. 새 돈은 어디까지나 고객을 배려한다는 의미를 상징적으로 나타내는 것이다. 깨끗한 돈을 거스름돈으로 준비해두면 된다. 지폐 속 인물이 같은 방향으로 정리해두었다가 손님에게 내주는 게 좋다. 중소형호텔은 최근 카드 결제와 예약 방문의 비중이 크게 늘었지만 현금으로 결제하는 고객이 적지 않다. 새 돈이 아니라도 구겨지지 않은 깨끗한 돈이면 고객에게 감사의 뜻을 전할 수 있다.

게스트하우스에서 준비하는 거스름돈은 중소형호텔과 차이가 있다. 게스트하우스 고객은 대부분 예약을 하고 방문한다. 특히 시내 중심가나 관광지에 위치한 게스트하우스를 찾는 고객은 사전예약 비율이 더 높다. 보통 여행 경로를 결정한 다음 숙소를 정하고 숙박요금을 결제한다. 물론, 게스트하우스에 방문해서 현금으로 지불하는 고객도 있다. 많은 비중은 아니지만 현장에서 결제하는 고객에게 새 돈을 준비해 두었다가 거스름돈으로 건네면 고객들에게 좋은 인상을 남길 수 있다.

소비자 심리를 분석한 자료에 근거하면, 작은 배려는 고객이 다시 찾는 계기로 작용하는 사례가 많다. 중소형호텔도 단골고객이 든든한 기반이 될 때 안정적으로 운영할 수 있다. 작은 배려가 일회성 고객을 단골고객으로 만든다. 중소형호텔의 차별화는 특별한 게 아니다. 다른 곳에서 하지 않는, 우리 호텔만의 서비스를 제공하면 된다. 다른 호텔에도 다 있는 스넥바를 특별하다고 생각하는 고객은 없다. 지금껏 많은 호텔을 봤지만 거스름돈 계산에만 신경쓸 뿐 고객에게 건네줄 지폐 상태에 관심을 갖는 경영자와 프런트 직원은 거의 없었다. 아마 이 글을 읽는 사람 중에도 새 돈을 준비하거나 지폐를 정리해두었다가 고객에게 건네주는 것을 실천할 사람은 많지 않을 것이다.

거스름돈으로 사용할 지폐를 정리해서 고객에게 전달하는 것은 어렵지 않다. 작은 배려가 단골고객을 만든다는 사실을 기억해야 한다. 당장 오늘부터 실천하기 바란다.

특별한 날에 준비하는 특별한 선물

특별한 날 받는 특별한 선물은 기억에 남는다. 중소형호텔에서는 이런 고객의 심리를 적극 활용해야 한다. 고객에게 특별한 날은 어떤 날일까? 해마다 반복되는 공식적인 특별한 날은 크리스마스, 발렌타인데이, 화이트데이, 빼빼로데이 등이다. 개인적으로 특별한 날은 기념일, 생일, 합격자 발표일 등이다. 중소형호텔에서는 고객의 신상 정보를 파악하기 어렵다. 때문에 개인적인 특별한 날은 대비하기 어렵지만 해마다 반복되는 기념일은 중소형호텔에서도 얼마든지 이벤트를 접목해서 마케팅에 활용할 수 있다. 큰 비용을 들이지 않으면서 고객에게 즐거움을 주는 이벤트를 기획하면 된다.

크리스마스에 산타가 그려진 따뜻한 양말, 여름에 손선풍기, 발렌타인데이에 초코릿, 화이트데이에 사탕, 생일을 맞은 사람에게는 커피상품권이나 문화상품권을 선물해서 우리 호텔은 고객의 소중한 날을 기억하고 함께한다는 이미지를 심어주면 된다.

크리스마스·연말 시즌을 맞아 장미꽃 증정 이벤트를 한 중소형호텔이 있다. 이 호텔은 프런트에 한 송이씩 예쁘게 포장한 장미꽃을 유리병에 한가득 꽂아 두었다. 프런트 직원은 입실하는 고객에게 장미꽃을 한 송이씩 뽑아서 건넸다. 고객은 감사하다는 말을 전하며 장미꽃 한 송이를 들고 엘리베이터로 향했다. 그때까지 특별한 장미꽃에 대해서 전혀 눈치 채지 못했다. 얼마 지나지 않아 고객은 크게 웃음을 터트렸고 함께 온 여성 고객도 웃으며 엘리베이터에 탔다. 한 송이씩 포장된 장미꽃은 장미꽃 모양으로 포장된 여자 속옷이었다. 붉은색 여자 속옷을 장미꽃 모양으로 접어서 만든 이벤트 상품이었다.

　예상치 못한 선물과 재미를 얻은 고객은 중소형호텔을 어떻게 기억할까? 특별한 날, 특별한 선물과 재미를 선사한 곳, 특별한 장소로 기억에 남을 것이다. 이 이벤트는 비용도 많이 들지 않았다. 장미꽃 속옷은 대량으로 구매하면 단가가 천원을 조금 넘는다.

　서울 강남에 위치한 중소형호텔에서는 발렌타인데이를 맞아 프런트에서 이탈리아 정통 고급초콜릿을 고객에게 증정했다. 누가 봐도 한 눈에 고급 초콜릿임을 알 수 있게 포장했다. 중소형호텔을 찾은 고객들은 발렌타인데이 선물에 고마움을 표시했다. 고급 초콜릿 이벤트는 다른 이벤트에 비해 비용이 많이 들지만 그만큼 고객들의 기억에 오래 남는다는 장점이 있다. 합리적인 가격의 선물용 초콜릿을 준비한다면 이벤트 비용을 적게 들이고 마케팅 할 수 있다. 오프라인으로 구매하기보다는 인터넷을 통해서 가격비교를 하거나 도매상에서 유통하는 선물용 초콜릿을 대량으로 구매하면 적은 비용으로 고객의 기억에 남는 이벤트를 준비할 수 있다. 이벤트 기간이 정해져있으므로 유통기한이 임박해서 할인 가격으로 판매하는 초콜릿을 준비해도 큰 문제는 없다. 적은 비용으로 준비할 수 있는 이벤트를 기획하면 고객들에게 좋은 인상을 남길 수 있다.

2월 졸업 시즌에 한 중소형호텔에서는 평범하지만 특별한 선물을 준비했다. 한여름 무더위에 지친 사람에게 시원한 물 한잔은 세상 무엇과도 바꿀 수 없는 행복인 것처럼 한겨울 추울 때 방문한 고객에게 보온 양말과 장갑을 선물했다. 양말과 장갑은 평범하지만 따뜻한 느낌을 전하기에 충분하다. 호텔에서 이런 선물을 받으면 특별한 기억으로 남는다. 보온 양말은 작은 비용으로 중소형호텔을 방문한 고객에게 따뜻한 마음을 전하고 실용적이어서 겨울용 선물로 적합하다.

    강북의 한 중소형호텔은 화이트데이를 맞아 왕사탕^{일명 눈깔사탕} 여러 개를 예쁜 포장지에 담아서 고객에게 제공했다. 왕사탕을 받은 고객은 호텔 직원에게 감사인사를 건네며 커플 간 추억의 대화를 이어갔다. 중소형호텔에서 제공한 사탕은 고객에게 대화거리를 선물한 셈이다.

    많은 비용을 들인 서비스만 고객의 마음을 잡는 건 아니다. 알버트 쿠들르와 멜빈 샌들러는 《호텔기업 홍보전략》에서 "상상력과 창의력이 대부분의 홍보 분야에서 성공의 열쇠가 된다"라고 했다. 고민하고 노력하는 만큼 실속 있고 알찬 이벤트를 준비할 수 있다. 이벤트로 호텔을 홍보하고 고객에게 좋은 이미지를 남길 수 있다. 좋은 이미지는 매출에도 긍정적인 영향을 준다.

    게스트하우스는 중소형호텔과 색다른 이벤트가 필요하다. 방문하는 목적이나 숙박 형태가 다르기 때문에 증정하는 선물도 고객 특성을 고려해야 한다. 혼자서 찾아오는 여행객이 많은 게스트하우스는 독특한 선물보다 여행 중에 꼭 필요하지만, 선뜻 구입하기 어려운 실용품을 고르는 것이 좋다.

1회용품 무상제공

숙박업과 1회용품은 뗄레야 뗄 수 없다. 중소형호텔 고객이 세면도구를 준비해서 방문하는 경우는 드물다. 숙박 고객이 1회용품을 사용하는 것은 당연하다. 과거에는 반드시 필요한 물품에 한해서 1회용품을 제공했지만 최근에는 고객을 위한 서비스라는 생각이 자리 잡으면서 1회용품이 다양해졌다. 중소형호텔 경영자는 고객에게 제공할 수 있는 1회용품의 종류와 해당 중소형호텔의 고객을 만족시킬 품목을 고민해야 한다. 중소형호텔에서 주로 사용하는 1회용품 품목은 칫솔, 치약, 면도기, 샴푸, 린스, 바디워시, 클렌징폼, 비누, 쉐이빙 폼, 마스크 팩, 왁스, 버블바스, 샤워캡, 남·녀 청결제 등이 있다.

1회용품은 고객의 니즈에 따라서 새로운 제품이 나온다. 객실에 비치된 공용 스킨, 로션을 꺼리는 고객이 늘어나자 일회용 스킨, 로션이 출시되었다. 욕실에 걸려 있는 공용 샤워타올을 꺼리는 고객이 늘어나자 바디 스폰지가 출시되었다. 이처럼 1회용품은 고객의 니즈에 따라 끊임없이 발전한다.

1회용품은 중소형호텔의 고객층이 선호하는 품목으로 구성한다. 고객에게 체계적인 서비스를 제공한다는 인상을 주려면 1회용품 파우치나 포장지에 호텔 로고를 인쇄하면 도움이 된다. 호텔 로고가 새겨져 있으면 신뢰감을 줄 수 있다.

환경문제로 인해서 1회용품에 대한 거부감을 가진 사람도 있다. 때로는 숙박업소나 온천 등에서 1회용품을 무상으로 제공하는 게 문제가 되기도 한다. 1회용품 사용을 규제하는 법 때문이다. 몇 년 전 숙박업 경영자를 대상으로 한 강의에서 청중에게 물었다. 1회용품을 무상제공할 수 있는지 묻는 질문에 정확히 50퍼센트가 제공할 수 있다, 50퍼센트가 제공할 수 없다고 대답했다. 다시 말해, 숙박업 경영자도 1회용품 제공에 관해서 정확히 알지 못했다.

1회용품 사용규제 법안의 내용은 이렇다.

"「자원의 절약과 재활용촉진에 관한 법률」(법률 제6653호, 2002. 2. 24)제10조 1항 대통령령이 정하는 음식점·목욕장·백화점 그 밖의 업종을 경영하는 사업자는 대통령령으로 정하는 바에 따라서 1회용품을 사용을 억제하거나 무상으로 제공하지 아니하여야 한다."

이 법조항을 근거로 숙박업소에서도 1회용품을 유상으로 제공 하는 곳이 많다. 법이 신설될 당시 대상 업종에 숙박업소도 포함되어 있었지만 2009년 6월 일회용품사용규제 대상 업종에서 숙박업은 제외되었다. 1회용품을 고객에게 무상으로 제공해도 무방하다.

다만, 2019년12월 환경부는 1회용품 사용을 줄이기 위한 중장기 단계별 계획을 수립했다. 이 계획에는 숙박업소의 일회용 샴푸·린스·칫솔·면도기 등 위생용품도 포함된다. 2022년부터 50실 이상 숙박업소에서, 2024년부터 모든 숙박업에서 1회용품을 무상 제공할 수 없게 된다.

숙박업소를 방문한 고객 입장에서 1회용품은 편하다. 미리 준비해오지 않은 고객이 많아서 대부분 유료로 구입할 수밖에 없다. 향후 유료화를 실시해도 합당한 가격에 기능상 부족하지 않은 1회용품을 판매한다면 오히려 고객만족도를 높일 수 있다.

1회용품 사용 여부는 게스트하우스에서도 관심을 가질 필요가 있다. 주로 내국인 고객을 수용하는 게스트하우스는 '공중위생관리법'을 따르는 숙박업으로 분류된다. 중소형호텔과 마찬가지로 1회용품을 무상으로 제공할 수 있다. 하지만 중소형호텔과 달리 게스트하우스는 고객에게 1회용품을 제공하는 곳이 거의 없다. 기본적인 객실 서비스만 제공하고 1회용품이 아닌 소모품을 공용으로 사용하는 곳도 있다. 치약, 비누 등을 공용으로 사용하는 것이다. 최근에 오픈한 게스트하우스는 고객 만족도를 높이기 위해 1회용품을 제공한다. 현재 1회용품 무상제공은 법적인 문제가 없으므로 경영자 재량에 따라 서비스하면 된다.

비오는 날, 우산을 선물한다

'화룡점정畵龍點睛'이라는 말이 있다. 용을 그린다음 마지막으로 눈동자를 그린다는 뜻이다. 마지막 중요한 부분을 처리하고 일을 끝낸다는 의미의 사자성어다. 중소형호텔에서 화룡점정이라고 할 수 있는 부분은 무엇일까? 다른 호텔과 차별화하여 재방문율을 높이는 요소가 마지막에 그리는 눈동자에 비유할 수 있다. 차별화하기 위해서 경쟁 호텔에서 제공하지 않는 서비스, 특별한 시설을 갖춘다. 중소형호텔에서 고객을 끌기 위한 차별화는 다양하다. 일반적으로 시설을 차별화한다. 테마를 정하고 객실마다 인테리어를 다르게 해서 고객에게 어필한다. 하지만 시설을 차별화하려면 큰 비용이 든다. 일정 기간 휴업하거나 객실 판매를 중단해야 하므로 사전에 계획을 세워서 추진해야 한다. 중소형호텔 인테리어는 트렌드에 따라야 하기 때문에 차별화를 지속하기가 어렵다.

경영자는 비용이 적게 들면서 고객에게 감동을 주는 이벤트를 고민해야 한다. 좋은 예가 '우산 서비스'다. 우산 서비스는 단순하고 비용도 크게 들지 않는다. 고객에게 우산을 제공하는 것이다. 고객이 입실할 때는 맑았는데 퇴실할 때 비가 내리는 날이 있다. 이런 날에는 우산을 미리 준비하지 못해 난감해 하는 고객이 많다. 우산을 준비하지 못한 고객이 비를 만나면 크게 세 가지 행동패턴을 보인다. 첫 번째는 프런트 직원에게 우산을 빌려서 근처가게에서 우산을 사 오는 고객, 두 번째는 남는 우산이 있으면 달라는 고객, 세 번째는 옷이나 가방으로 머리를 가리고 뛰어가는 고객이다.

장마철에는 우산을 챙겨다니지만 소나기가 잦은 여름이나 날씨 변화가 심한 날 이런 고객을 더 자주 볼 수 있다. 갑자기 소나기가 올 때 고객에게 우산을 서비스한다면 깜짝 선물로 충분하다. 이런 상황에는 우산의 품질을 따질 필요가 없다. 고급 우산이 아니라도 고객이 비를 피할 수 있게 호텔에서 서비스해주었기 때문이다. 대량으로 구매한다면 개당 2,000~3,000원 내외 예산으로 품질 좋은 우산을 구비할 수 있다. 비오는 날 방문한 모든 고객에게 우산을 나눠주는 게 아니기 때문에 우산이 빨리 소진되지도 않는다. 비교적 저렴한 비용으로 고객을 감동시키는 서비스다. 작지만 감동을 주는 서비스를 실천한다면 일회성 고객을 단골고객으로 전환할 수 있다.

이처럼 저렴한 비용으로 고객에게 다가가는 서비스는 많다. 경영자 입장에서 호텔에 어울리는 서비스가 무엇인지 찾아보고 실천하는 방법을 고민하거나 직원의 아이디어를 모아도 좋다. 직원과 함께 고민하고 아이디어를 현실화하는 방안을 마련한다면 직원의 업무성취도도 높아진다.

우산 서비스는 게스트하우스에서도 얼마든지 할 수 있다. 여행지에서 게스트하우스를 운영한다면 비옷을 제공하는 것도 좋다. 우산 서비스는 중소형호텔보다 게스트하우스에 더 적합하다. 고객을 더 가까이 접하는 게스트하우스는 고객을 세심하게 배려한다는 이미지를 줄 수 있다.

스마트폰 충전기는 필수 비치품

중소형호텔 전 객실에는 IPTV 서비스가 된다. 이 서비스를 처음 도입할 당시에는 파격적인 서비스로 고객에게 큰 호응을 얻었다. 지금은 전객실 IPTV 서비스를 고객들은 당연하게 여긴다. 고객이 선호하는 서비스는 계속 바뀐다. PC와 인터넷은 기본이 되었고 앞으로 더 많은 서비스가 나올 것이다. 객실에 PC 설치를 넘어 커플PC를 차별화로 내세워 젊은층에게 어필하는 숙박업소도 늘었다. 스마트폰 사용자를 위해서 숙박업소는 무선 인터넷을 전 객실에 설치했다. 중소형호텔은 고객이 원하는 시설과 서비스를 찾아서 갖춰야 한다.

  스마트폰 충전기는 필수적인 비치품이다. 수 년 전만 해도 숙박업소에서 충전기를 대여하는 서비스가 일반적이었다. 요즘은 모든 객실마다 충전기가 비치되어 있다. 하지만 충전기가 비치되어 있음에도 충전기를 사용하지 못하는 고객들도 있다. 충전기의 형태가 다양하기 때문이다. 안드로이드 5핀충전기, 안드로이드 C타입충전기, 아이폰충전기로 종류가 다양하기 때문이다. 객실에 한 가지 종류의 충전기만 설치한다면 해당 충전기를 사용하지 않는 스마트폰은 충전할 수 없다. 세 가지 스마트폰을 동시에 충전할 수 있도록 제작한 제품도 있다. 이런 충전기는 다양한 기종의 스마트폰을 동시에 충전할 수 있어서 편리하다. 만약 모든 객실에 모든 스마트폰에 맞는 충전기를 비치하기 어렵다면, 프런트에서 대여할 수 있도록 준비한다.

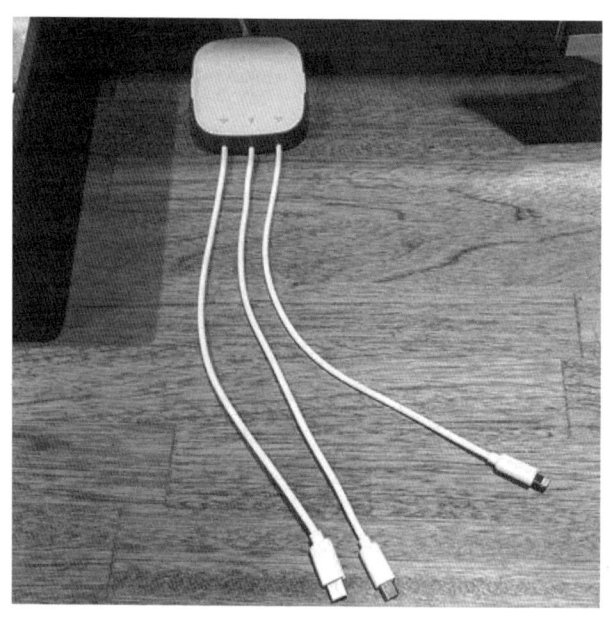

스마트폰 충전기를 비치하는 숙박업소가 많아졌지만 자칫 관리를 소홀히 해서 고객에게 불편함을 주는 사례도 종종 발생한다. 스마트폰 충전기는 관리가 중요하다. 반영구적으로 사용하는 제품이 아니라 소모품이기 때문이다. 충전이 됐다 안 됐다 하는 접촉불량 충전기는 고객의 입장에서 고장난 제품이다. 이런 충전기가 객실에 비치되어 있다면, 당장 바꿔야 한다. 객실점검 시 정기적으로 충전기 상태를 점검하여 이상 유무를 사전에 파악한다. 또 교체할 여분의 충전기를 항시 준비해둔다. 과거 객실에 충전기를 비치하면 도난가능성이 있었지만 최근 사람들의 의식이 높아지며 분실되는 사례는 많이 줄었다. 그리고 충전기 도난 시 경보음이 발생하는 숙박업소용 충전기도 많다. 최근 고객들은 숙박업소 스마트폰 충전서비스를 당연시 여기고 있다.

　게스트하우스도 스마트폰 충전기를 비치하는 것이 바람직하다. 게스트하우스는 여러 명이 하나의 객실을 이용하는 경우가 많다. 고객 수대로 충전기를 비치하기는 현실적으로 어렵다. 하지만 걱정할 필요는 없다. 멀티충전기를 이용하면 된다. 콘센트 하나에 여러 개의 충전단자를 연결할 수 있는 USB 충전 포트를 이용하면 많은 고객이 한 번에 이용할 수 있다. 이런 충전기는 객실에 비치하는 것보다 공용으로 사용하는 공간에 비치하고 자유롭게 사용하되 스마트폰 분실에 유의하라는 경고를 붙여놓아야 한다.

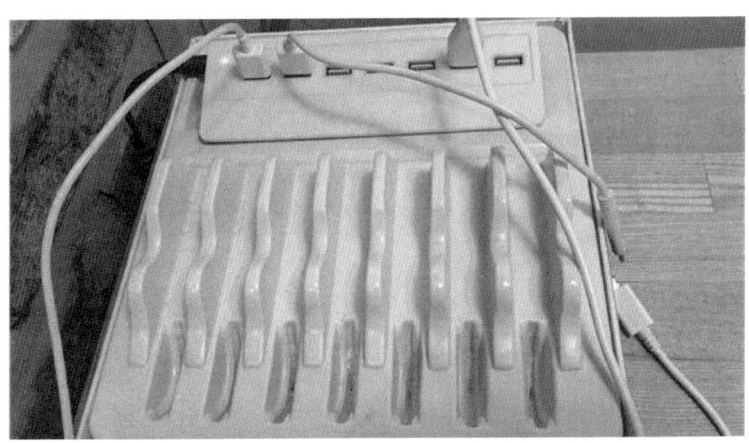

고객이 심심할 때 이용하는 간식 서비스

간식 서비스는 고객이 자주 이용하는 서비스다. 팝콘, 쿠키와 떡볶이 등을 조리해서 간식으로 제공하는 호텔도 있다. 간식 서비스는 고객의 행동에서 아이디어를 얻은 서비스다. 중소형호텔에는 대부분 식당이 없고 객실에서 취사를 할 수도 없다. 많은 고객이 입실한 후 배달 서비스로 음식을 주문한다. 배가 고파서 음식을 배달시키는 경우도 있고 입이 심심해서 음식을 배달시키는 고객도 적지 않다. 중소형호텔에서는 이런 고객들의 특성을 파악하여 객실에서 영화를 보거나 PC를 이용하면서 심심하지 않게 먹을 수 있는 간식을 내놓기 시작했다. 호텔 프런트 옆에 고객이 가져갈 수 있도록 간식을 마련해두는 것이다.

간식의 종류는 다양하다. 대표적인 간식 몇 가지를 소개하겠다. 첫 번째는 원두커피다. 원두커피머신을 프런트 옆에 두고 커피를 좋아하는 고객이 자유롭게 커피를 이용할 수 있도록 준비한다. 원두커피머신은 커피향을 은은하게 퍼트리기 때문에 자연스럽게 방향제 역할을 한다. 로비에 커피향이 퍼져서 중소형호텔의 분위기도 좋아진다. 두 번째는 팝콘이다. 팝콘은 팝콘 기계에 재료를 넣어서 쉽게 만들 수 있다. 조리가 간단하고 객실에서 영화 보며 시간을 즐기는 고객에게 인기가 많다. 세 번째는 사탕이다. 의외로 많은 고객이 사탕을 찾는다. 입이 심심해서 사탕을 먹기도 하고 퇴실하면서 사탕을 가져 가는 고객도 많다. 네 번째는 비스킷이다. 비스킷은 낱개로 포장한 제품을 제공하는 것이 좋다. 낱개로 포장한 제품은 위생적이고 관리하기도 용이하다. 다섯 번째는 식빵과 잼이다. 식빵은 고객이 자주 찾는 간식 중 하나다. 중소형호텔에서 조식서비스를 제공하기는 어렵다. 하지만 간단히 해결할 수 있는 식빵과 잼은 제공할 수 있다. 토스트기를 함께 비치하면 좋겠지만 비용이 부담스럽다면 각 층별로 토스트기를 비치하거나 프런트 식빵 옆에 비치하는 것도 좋다. 여섯 번째는 아이스크림이다. 아이스크림은 어느 계절에 찾을까? 당연히 여름이라 생각할지 모르지만 틀렸다. 사계절 모두 찾는다. 물론 여름에 더 많이 찾지만 겨울에도 아이스크림을 찾는 고객이 있다. 이 외에도 떡볶이, 만두, 샐러드바를 제공하는 중소형호텔도 있다.

  공동으로 이용하는 간식 서비스는 코로나19처럼 감염병이 사회적으로 문제가 되는 시기에는 잠시 중단하는 것이 좋다.

  간식 서비스 항목을 정하기 전에 먼저 기준을 정해야 한다. 고객의 후각을 자극하고 시각적으로도 고객에게 어필할 수 있는 품목을 골라야 한다. 프런트의 인테리어가 허전하다면 시각적인 효과로 간식을 비치해서 인터넷과 모바일 앱에 홍보하는 것도 좋다. 프런트에 팝콘이나 원두커피 머신이 보이면 고객의 시선을 끌 수 있고 은은한 커피 향, 고소한 팝콘 냄새로 고객의 후각을 자극할 수도 있다. 중소형호텔의 특징과 주요 고객을 분석하여 기준을 정한 후에 간식 메뉴를 선정한다. 간식을 제공하기로 결정했다면 관리에도 신경써야 한다. 자칫 관리 소홀로 위생 문제가 발생하지 않도록 유의한다.

　게스트하우스는 간식서비스를 제공하기가 현실적으로 어렵다. 게스트하우스는 중소형호텔에 비해 고객 수가 적다. 숙박요금도 저렴하다. 간식서비스를 제공한다면 지속적인 비용이 발생해서 유지하기 어렵다. 호스트가 요리를 좋아하고 조리가 가능한 주방을 갖추고 있다면 간단한 요깃거리를 제공하고 음식을 만들어서 판매 제공하는 것도 좋다.

수유M호텔의 간식 서비스

객실 음료 선정은 신중하게

중소형호텔에는 객실 냉장고가 있고 음료와 물을 넣어둔다. 비치된 음료의 종류와 브랜드는 호텔마다 다르다. 과거에는 중소형호텔 객실에 정수기를 비치했으나 관리가 제대로 안 돼서 문제가 된 일이 있었다. 현재는 페트병에 담긴 생수를 비치한다. 객실에 비치되는 음료는 고객 서비스의 일환으로 최대한 고객의 입맛에 맞춰 준비한다. 모든 고객의 입맛에 맞추기는 어렵지만, 적절한 시기에 많은 고객이 찾는 음료를 비치하는 것이 바람직하다. 일반적으로 객실 냉장고에 비치되는 음료 종류는 생수, 탄산음료, 과일주스, 커피, 이온음료 등이다. 여기서 놓치지 말아야 할 점이 있다. 무료로 제공하는 음료라고 아무거나 선택하면 안 된다.

작은 배려가 사람을 감동시키듯 음료 선정에도 정성이 필요하다. 만약, 중소형호텔 냉장고에 사시사철 냉커피가 비치되어 있다면 어떨까? 한 겨울에 냉장고를 열어본 고객은 고객배려가 부족한 숙박업소라 평가할 것이다.

일반적으로 중소형호텔에서 고객에게 제공하는 음료는 비품업체에서 유통하는 제품 가운데 개당 단가를 고려하여 결정한다. 고객의 선호도를 크게 고려하지 않는 곳이 많다. 고객이 즐겨 찾는 음료를 몰라서 준비하지 못했다면 이제부터라도 다음과 같은 방법을 통해서 고객이 어떤 음료를 선호하는지 살펴보기 바란다.

첫 번째는 직원을 대상으로 시음회를 열어서 음료의 맛과 느낌을 물어본다. 객실에 비치하기 전에 직원이 고객의 입장에서 맛을 보고 음료를 평가하여 선호도를 조사하면 고객이 좋아하는 음료를 선정하는데 참고할 수 있다. 샘플 음료는 비품회사에 요청하면 받을 수 있다. 가능하면 중소형호텔의 주 고객층 연령대와 비슷한 직원의 응답에 가중치를 두고 의견을 수렴한다. 나이에 따라 입맛이 다르다. 중소형호텔은 부동산을 기반으로 운영되는 사업이다. 경영자는 대부분 중장년층이다. 만약 호텔 경영자의 입맛에 맞춰서 독단적으로 음료를 준비한다면 젊은 고객들의 입맛에 맞추기 어렵다. 이 방법의 장점은 경영에 관한 의사결정에서 직원의 의견을 참고하기 때문에 호텔 직원의 소속감과 충성도를 향상시키는 긍정적인 측면이 있다.

두 번째는 객실에 비치한 음료가 소진되는 양을 통해 고객선호도를 알 수 있다. 어떤 음료가 많이 소진되었는지 조사하는 방법이다. 음료를 개봉하고 마셨는지 혹은 음료를 조금 마시고 남겼는지 등으로 데이터를 누적하면 고객이 선호하는 음료를 찾을 수 있다.

세 번째는 인터넷 이용후기를 통해 음료의 선호도를 알 수 있다. 이용후기 게시판에 다른 음료가 있으면 좋겠다는 내용의 후기가 1개 등록되었다면 적어도 수십 명 이상은 음료에 대해서 만족하지 않았다고 유추할 수 있다. 중소형호텔을 이용하고 후기를 등록하는 고객이 상대적으로 많지 않다는 점을 감안하면 훨씬 많은 고객이 음료에 만족하지 못했을 것이다. 음료에 대한 불만족 후기가 여러 개 등록되었다면 신중하게 고려해 음료를 바꿔야 한다.

　음료 선정 시 유의할 점은 비슷한 종류의 음료는 피한다. 음료는 탄산음료, 비非탄산음료, 이온음료, 과일음료 등 생수 외 2~4가지를 비치하는 것이 좋다. 중소형호텔에서는 비용을 무시할 수 없다. 만약 두 종류의 음료만 비치해야 한다면 탄산음료 한 가지와 비탄산음료 한 가지를 비치한다. 콜라와 맥콜 혹은 콜라와 사이다는 모두 탄산음료다. 탄산음료 두 가지를 비치하는 것은 피한다. 과일음료와 탄산음료, 이온음료와 과일음료 등 고객 선택의 폭을 넓히는 조합이 좋다. 계절에 따라 선호하는 음료의 종류가 다르므로 객실에 비치하는 음료에 신경 써야 한다.

고객을 만족시키는 와인 잔 대여 서비스

시대가 변함에 따라 즐겨 마시는 술이 다양해졌다. 과거에는 소주와 맥주를 주로 마셨고 브랜드도 몇 개뿐이었다. 최근에는 해외 유명브랜드 맥주, 스파클링, 레드와인, 화이트와인 등 종류가 다양해지고 술을 마시는 장소와 분위기도 바뀌었다. 분위기를 내기 위해 찾는 술은 와인이다.

와인은 잔의 모양부터 고급스러움이 느껴진다. 향을 음미하며 마시는 술이기 때문에 분위기를 마신다는 말이 더 어울린다. 와인이 대중화되면서 누구나 접할 수 있게 되었고 향이 좋은 와인도 어렵지 않게 구할 수 있다. 중소형호텔 고객 가운데 와인을 구매해 오는 고객이 있다. 와인을 준비하더라도 와인 잔까지 준비하기는 어렵다. 때문에 고객들은 와인 잔 대여가 가능한지 프런트에 문의하는 경우가 종종 있다. 객실에서 와인을 마시는 고객이 있다면 호텔에서 와인 잔을 미리 준비하는 것이 바람직하다. 고객이 원하는 서비스는 최대한 맞추는 것이 좋다. 때로는 이런 서비스가 중소형호텔을 빛나게 만든다.

그렇다면 호텔에서 고객 대여용으로 와인 잔을 얼마나 준비해야 할까? 와인 잔은 고객 요청에 맞게 준비하면 된다. 평일의 고객 수를 기준으로 와인 잔을 준비한다면, 주말에 부족할 수도 있다. 주말을 고려해서 와인 잔 개수를 정하는 것이 좋다. 객실이 50개 정도면 3~5세트면 충분하다. 깨질 것을 고려한다면 7~8세트 정도 준비한다. 중소형호텔에서 대여하는 와인 잔은 고급 제품이 아니어도 무방하다. 유리가 아니면 더 좋다.

유리로 된 와인 잔은 객실에서 깨질 경우 고객이 다칠 우려가 있고 유리 파편을 제대로 청소하지 않으면 다음 고객이 다칠 수 있다. 전문 와인 바가 아닌 만큼 고객들도 고급 와인 잔을 기대하지는 않는다. 저가의 와인 잔이라도 고객은 충분히 이해할 것이며 와인 잔을 대여해 준다는 것 자체에 감사할 것이다.

'가끔 방문하는 고객을 위해 와인 잔까지 준비해야 하나요?'라고 생각할 수도 있다. 와인 잔은 고객이 찾지 않을 때는 고급스러운 인테리어 소품으로 사용할 수 있다. 프런트 한 쪽에 와인 잔을 진열하면 된다. 조명 아래에서 빛을 받으면 더욱 아름답게 보인다. 만약 와인을 즐기는 고객이 방문했다면, 단골고객이 될 수 있다.

게스트하우스는 혼자 방문하는 고객이 많다. 커플이나 가족 단위로 게스트하우스를 찾기도 하지만 그 수가 많지 않다. 게스트하우스는 지역을 여행하는 사람이 찾아온다. 인테리어용으로 와인 잔을 구비해 놓은 곳은 더러 있지만 와인 잔을 대여하는 서비스는 거의 없다. 중소형호텔과 차이가 있다면 호스트가 저녁에 고객들이 함께 맥주나 와인을 마시기도 한다. 취하려고 마시는 게 아니라 여행 정보를 나누거나 편하게 대화하기 위해서 마신다. 호스트와 고객, 고객과 고객 사이의 소통은 게스트하우스에서 중요하다. 일부 게스트하우스에서는 저녁에 와인 한 잔 또는 티타임을 갖기도 한다. 이럴 때 와인 잔을 준비해두면 고객은 감동한다.

3
chapter

숙박업의 성공은 고객응대에 달려있다

고객 응대 업무가 최우선이다

서점에 가면 영어 단어 공부에 관한 책이 다양하다. 인기 있는 영어 단어 책은 '우선순위 영단어'다. 이 책은 수많은 영어 단어들 중에서 시험에 출제되는 빈도순으로 순위를 매겨서 엮은 책이다. 영어 단어 1,000개를 외운다면 시험에 자주 출제되는 단어 위주로 외우는 것이 효율적이다. 자주 나오는 단어를 공부하는 게 성적을 향상시키는 데도 효과가 있다. 어떤 일을 하든지 우선순위가 있다. 우선순위를 모르고 무작정 여러 가지 일을 하면 효율이 떨어질뿐만 아니라 주변 사람에게 두서없이 일을 하는 사람으로 비춰질 수 있다.

중소형호텔 업무 가운데 우선순위를 매긴다면 가장 중요한 업무는 무엇일까? 호텔은 고객에게 객실을 대여하고 매출을 발생시킨다. 어떤 업무보다 고객을 응대하는 업무가 최우선이다. 중소형호텔 대표가 직접 지시한 일이 있어도, 고객이 호출하면 고객 응대를 하고 돌아와서 대표가 지시한 일을 처리한다. 고객 요청으로 자리를 비울 때는 보고하는 게 원칙이지만, 보고받을 사람이 부재중이면 메모를 남기고 고객에게 즉시 달려간다. 내부 시설을 보수하던 중에 고객이 수건, 가운 등의 비품을 추가로 달라는 요청을 하면 우선 고객의 요청에 응한다. 만약, 두 명 이상의 고객을 동시에 응대해야 할 경우 먼저 호출한 고객의 요청을 먼저 처리한다. 만약, 처리하는 데 시간이 걸리는 요청이라면 먼저 호출한 고객에게 양해를 구하고 빨리 처리할 수 있는 고객 응대부터 마치는 편이 바람직하다. 이처럼 고객의 요청을 최우선으로 처리하는 업무 방식은 직원을 교육할 때 전 직원에게 각인시켜야 한다.

실제로 일어난 고객 요청 사례를 소개한다. 직원이 객실에 비치된 PC 부품을 교체하는 일을 하는 중에 객실 고객이 티슈를 추가로 달라고 요청했다. PC 부품 교체를 마무리하고 있어서 직원은 고객의 요청에 바로 응하지 못하고 PC 부품 교체에 열중하고 있었다. 하지만 옆에서 지켜보던 관리자는 고객의 요청에 응하지 않은 직원을 그 자리에서 꾸짖었다. 일의 우선순위를 모르는 행동이라고 생각했기 때문이다. 단순히 그 일로 직원을 야단쳤다기보다 다른 직원들도 고객 요청에 먼저 응해야 한다는 뜻에서 직원에게 꾸중했다. 호텔 경영자와 직원은 고객 요구를 최우선으로 응해야 한다.

게스트하우스도 고객 요청을 최우선으로 처리하는 서비스 마인드를 가져야 한다. 중소형호텔과 비교하면, 게스트하우스는 가족 같은 분위기로 고객을 응대한다. 호스트는 고객이 최대한 편하게 쉴 수 있게 응대해서 다음에도 방문하도록 해야 한다. 가족처럼 친근하면서 고객의 요청에 항상 귀를 기울인다. 중소형호텔에서는 직원들에게 서비스 매뉴얼과 고객 서비스 교육을 제공하지만 게스트하우스는 호스트의 노력에 따라 서비스의 질이 결정된다. 고객응대에 정답은 없지만, 고객의 요청에 최선을 다하는 적극적인 모습을 보인다면 재방문율을 높일 수 있다.

고객 응대 멘트를 통일한다

학교에 다니다가 군대에 입대하면 많은 것이 달라진다. 자유로운 사회와 다르게 군내에서는 군인으로서 지켜야 할 규칙에 나를 맞춰야 한다. 모두 같은 옷을 입고 인사도 말투도 군대식으로 해야 한다. 군대뿐만 아니라 항공사·열차 승무원도 마찬가지다. 승무원들의 인사말이나 표정, 행동을 통일한다. 콜센터 직원도 눈에 보이지는 않지만 전화로 고객을 응대하는 멘트가 통일되어 있다.

규모와 위계가 있는 조직은 복장과 멘트를 통일해서 고객을 응대한다. 이런 규칙을 중소형호텔에 접목한다면, 고객에게 긍정적인 이미지를 기대할 수 있다. 통일된 매뉴얼과 멘트로 응대한다면 고객은 시스템을 잘 갖춘 호텔이라 생각할 것이다. 관광호텔은 체계적으로 매뉴얼이 잘 갖춰서 어떤 업무든지 처리하는 데 막힘이 없다. 하지만 규모가 작은 중소형호텔은 매뉴얼을 갖추지 못한 곳이 많아서 고객 응대도 직원에 따라 제각각이다. 호텔의 규모와 무관하게 고객 응대 시스템은 갖춰야 한다.

직원의 고객 응대 멘트를 통일해야 한다. 부정적인 단어나 저급한 단어는 피하고 같은 의미를 전달하더라도 간결하게 의미가 잘 전달되도록 표현한다.

객실을 결정하지 못한 고객에게 "어느 방으로 드릴까요?"보다는 "어떤 객실로 준비해 드릴까요?"가 더 적절하다. "지금은 특실과 준특실만 됩니다"라는 응대 보다는 "현재 이용 가능한 객실은 특실과 준특실이 있습니다."라는 표현이 더 친절한 느낌을 준다.

호텔 예약을 원하는 고객에게 "며칠에 방 드릴까요?"라는 표현보다 "예약해드리겠습니다."라고 응대하는 것이 좋다. 만약 고객에게 거절 의사를 표현해야 하는 상황이라면 "그렇게는 안 됩니다."라는 표현보다 "죄송하지만, 어렵습니다. 이렇게 해드릴 수 있습니다."라는 표현으로 문의를 한 고객이 불쾌하지 않도록 응대한다.

중소형호텔의 직원을 모니터링 해보면 고객을 응대할 때 자주 사용하는 호칭과 말투, 화법 등을 찾을 수 있다. 이 대화법을 호텔 성격에 맞게 적절한 서비스 화법으로 바꿔서 호텔의 고객응대 매뉴얼로 정한다. 직원이 사용하는 멘트를 통일하여 고객을 응대한다면 고객 서비스 측면에서 긍정적인 결과를 기대할 수 있다.

규모가 작은 게스트하우스는 대부분의 일을 호스트가 직접 처리한다. 때문에 응대 멘트를 통일할 필요는 없다. 하지만 대도시 중심가에 위치한 게스트하우스 중에는 프랜차이즈로 운영하는 곳도 있다. 프랜차이즈 가맹점은 모두 똑같은 이미지를 주기 위해서 통일된 응대 멘트와 요청 사항에 대응하는 방법을 마련해 두었다. 체계적이고 통일된 고객 응대는 같은 이름의 다른 곳에서도 똑같이 응대한다는 믿음을 준다.

러브호텔이 국가정책사업으로 탄생했다?

1980~90년대 러브호텔이 성행하면서 언론에서는 불륜 또는 애정행각의 장소로 기사를 실었다. '러브호텔'이라는 이름은 야릇한 생각을 하게 만든다. 러브호텔의 이미지가 대중에게 좋을 리 없다. 이런 러브호텔이 국가정책사업 중 하나라면 믿겠는가? 정말 국가정책사업이라면 왜 국가정책사업이 되었는지도 궁금하다. 또 그 많던 러브호텔이 지금은 왜 다 사라졌는지도 궁금하다.

어떻게 러브호텔이 국가정책사업이 되었을까? 먼저 1980년대 우리나라의 시대적 배경을 떠올아야 한다. 1980년은 5·18광주민주화운동이 일어났다. 전두환 정권은 집권 초기에 대중들의 관심을 정치에서 다른 곳으로 돌리기 위한 방안을 모색했다. 그 방안으로 나온 것이 바로 3S정책이다. 3S는 스크린(Screen), 스포츠(Sports), 섹스(Sex)를 의미한다. 우민화정책의 일환으로 섹스에 포함되는 러브호텔이 우후죽순 생겨났다.

80년대. 군부정권은 소위 스포츠, 스크린, 섹스를 앞세운 3S정책으로 국민들을 현혹했다. (중략) 앞다퉈 러브호텔을 건설했고, 인터넷 속에서는 섹스 상품이 넘쳐났다.
경향신문 2004.04.02.

사람의 관심은 한정되어 있다. 다른 곳으로 관심이 옮겨가면 군부독재를 바라보는 시선이 분산된다. 이런 이유로 우민화정책을 펼쳤다. 2000년대 이후에는 러브호텔이라는 단어가 어색하게 들렸다. 어느 순간부터 언론이나 대중이 거의 사용하지 않는다. 그 많던 러브호텔이 지금은 다 어디로 갔을까?

러브호텔이 사라진 데는 2002년 한일월드컵과 관련이 된다. 월드컵을 치러야 하는데 외국인 관광객을 수용할 호텔객실 수가 전국적으로 많이 부족했다. 그래서 생각해낸 방안이 기존에 있던 러브호텔을 관광호텔로 바꾸자는 의견이 나왔고 즉시 실행에 옮겨졌다.

2002년 월드컵 지정 숙박업소로 선정된 3백70여곳의 이른바 '러브호텔'이 첨단 예약시스템과 외국어 통역시설을 갖춘 '무궁화 1개 관광호텔'로 거듭난다. (중략)
서울시는 우선 월드컵지정 숙박업소의 '러브호텔'이라는 부정적인 이미지를 개선하는 한편 국제적으로 일정한 수준이 유지될 수 있도록 하기 위해 지난 7~8월 시민공모를 통해 지정업소를 '월드 인'으로 부르기로 했다.
연합뉴스 2000.11.12.

월드컵 이전에는 러브호텔이었지만 월드컵을 계기로 무궁화를 단 관광호텔, 월드인으로 격이 높아졌다. 당시에 많은 러브호텔이 '월드인'으로 불리며 러브호텔이라는 명칭은 점점 멀어졌다.

입실 문의에 최대한 긍정적으로 대답한다

'YES' 열풍이 불었던 적이 있다. 긍정의 힘으로 어려움을 극복한다는 이슈가 사회적으로 화제가 되면서 방송과 교육 프로그램, 책 제목에도 '긍정'과 'YES'라는 단어를 넣었다. 대기업 직장인들 사이에서는 예스맨[Yes man]이 성공을 보장하는 모델처럼 비춰지기도 했다. 예스맨은 어떤 일이 주어지든 '네'라고 대답하고 도전하는 사람을 일컫는다. 그만큼 긍정적인 대답은 소통에 유리하다. 항상 긍정적으로 대하는 사람은 언제 어디서나 상대방에게 좋은 이미지를 남긴다.

중소형호텔에서 고객과의 접점에 있는 실무자는 항상 고객의 질문에 긍정적으로 대답해야 한다. 하지만 우리 호텔에 없는 시설이나 정해진 입실 시간 외에 입실을 문의하는 고객에게는 'No'라는 대답을 할 수밖에 없다. 상황에 따라 부정의 대답이라도 표현을 바꾸면 고객에게 'Yes'가 가진 긍정적인 의미를 전달할 수 있다.

몇 가지 사례를 들어보겠다.

고객의 질문에 긍정적으로 대답하는 사례

Q. 토요일 낮부터 숙박이 가능한가요?

부정답변 **A.** 아니요. 토요일 숙박은 22시부터입니다.

긍정답변 **A.** 네. 가능하십니다. 고객님. 인터넷과 예약시스템에 공개된 객실 요금은 22시 입실 기준입니다. 하지만 낮 시간에 입실을 원하시면 조기입실 시간만큼 조기입실요금이 발생하실 수 있으니 양해를 부탁드리겠습니다.

> **답변 포인트** : 입실 시간 기준을 안내하고 입실 시간 외에 입실하면 추가요금 발생을 알린다.

Q. 월풀욕조가 있나요?

부정답변 **A.** 아니요. 월풀욕조는 없습니다.

긍정답변 **A.** 네. 고객님. 저희는 월풀욕조가 아닌 스파욕조가 설치되어 있습니다. 월풀욕조는 물이 순환하면서 욕조를 회전하는 방식이지만 스파욕조는 공기방울을 이용해서 마사지하는 방식이라서 더 쾌적합니다. 특히 여성들에게는 스파욕조가 더 좋다는 실험 결과도 있어서 저희는 객실에 스파욕조를 설치했습니다.

> **답변 포인트** : 중소형호텔에 월풀욕조는 없고 스파욕조만 있는 경우, 월풀욕조와 스파욕조의 특징과 차이점을 미리 익혀두어야 고객에게 안내할 수 있다.

Q. A객실의 특징이 무엇인가요?

부정답변 **A.** 다른 객실에 비해서 큰 편입니다.

긍정답변 **A.** 객실은 일반 객실과 비교해서 실제 사용하시는 공간이 2배 정도 넓고, TV와 컴퓨터 모니터도 대형으로 갖춰 놓고 있습니다. 2인이 함께 이용할 수 있는 더블스파욕조가 설치되어 있어서 커플 고객들이 많이 선호합니다.

> **답변 포인트** : 객실의 시설을 안내하면서 고객이 실제로 느낄 수 있는 여러 가지 장점들을 중심으로 설명한다.

Q. 객실 등급은 어떤 기준으로 정해지나요?

부정답변 **A.** 객실크기와 요금의 차이죠.

긍정답변 **A.** 저희 호텔의 객실 등급은 크기와 시설에 따라 구분됩니다. 특실의 경우 객실이 일반 객실과 비교해서 2배 이상 넓고, PC를 2대 갖춰놓았으며, 욕조도 2인이 함께 사용할 수 있는 더블스파 욕조가 설치되어 있습니다. 영화 감상에 적합하도록 6채널 스피커 시스템도 갖추고 있습니다.

답변 포인트 답변 포인트 : 객실마다 갖추고 있는 시설과 특징, 고객들이 선호하는 시설에 대해서 익히고 있어야 답변을 막힘없이 할 수 있다.

이 외에도 고객의 질문은 무수히 많다. 고객에게 최대한 긍정적인 대답으로 응대하도록 사전에 직원을 교육하면 호텔에 대한 고객만족도는 상승한다. 긍정적 이미지를 가진 고객은 중소형호텔을 다시 찾는 단골고객이 될 가능성이 높다.

룸쇼(room show)는 두 개의 객실을 안내한다

옷 가게에 가면 점원이 옷을 안내하면서 사지 않아도 좋으니 한 번 입어보라고 권한다. 고객은 옷을 구매하려고 가게에 들어왔기 때문에 점원이 권하는 옷을 입어본다. 여기서 점원의 권유에는 판매 전략이 숨어 있다. 고객은 자신이 착용하거나 입어본 물건에 대해서 애착을 느낀다. 점원은 이런 심리를 적극적으로 활용한다. 중소형호텔에서도 이와 비슷한 심리를 이용한다. 고객은 객실을 정하기 전에 먼저, 어느 호텔에서 숙박할 것인지 저울질한다. 이때 고객을 사로잡기 위해 어떤 노력이 필요할까?

중소형호텔 프런트에서 고객을 응대하다 보면, 먼저 객실을 둘러보고 싶다는 고객이 있다. '룸쇼room show'를 요청하는 것이다. 이때 고객의 심리를 잘 파악한 후에 고객응대 전략을 세운다면 객실 판매를 촉진할 수 있다. 객실타입을 사전 예약하거나 호텔 객실을 이용해본 고객이 아니라면 객실 선택에 신중할 수밖에 없다.

이유는 두 가지다. 고객이 일반적으로 선호하지 않는 객실 가령 청결하지 못한 객실, 담배냄새가 밴 객실, 시설에 문제가 있는 객실을 피하거나 취향에 맞는 객실을 선택하기 위해서다.

고객이 특실 A타입을 보고 싶다고 프런트에 요청했다면 프런트 직원이 동행하여 특실 A타입과 B타입을 함께 보여주고 객실의 특징과 장점을 설명한다. 이때 고객이 선호하는 객실타입을 사전에 물어본다. 두 객실을 본 고객은 고민한다. 객실을 둘러본 다음 원하는 객실로 결정한다. 여기에 고객심리를 이용한 객실판매 전략이 숨어 있다. 처음 호텔에 들어선 고객의 고민은 '어느 호텔에서 숙박할 것인가?'였다. 하지만 두 개의 객실을 본 이후에는 '어떤 객실을 선택할 것인가?'로 프레임이 전환되었다. 사람은 관성의 법칙에 따라 자기가 선택한 것에 대해 일관성을 유지하려고 한다. 호텔 선택에서 객실 선택으로 프레임을 바꾼 후 특정 객실을 선택하도록 유도하면 객실을 판매하기 수월하다. 이것도 객실을 판매하는 전략이다.

가전제품을 사기 위해 매장을 찾으면 점원은 내가 염두에 둔 가전제품을 보여준 다음 비슷한 기능과 가격의 제품을 함께 보여주며 설명한다. 이렇게 제품을 설명하는 것도 어느 매장에 가야할지 고민하는 고객에게 매장을 선택할 것이 아니라 제품을 선택하는 방향으로 고민의 프레임을 전환해 구매를 유도하는 사례라고 할 수 있다.

고객의 룸쇼 요청에 한 가지 타입의 객실만 보여준다면 고객은 인근 호텔을 방문해서 다른 객실과 비교 후 원하는 객실을 선택할 수도 있다. 그래서 룸쇼를 할 때는 항상 두 개의 객실을 안내하는 것이 원칙이다.

숙박업소에서 숙박을 거부하면 처벌 받을까?

코로나19 사태 때문에 숙박업 경기는 급격히 악화되었다. 몇 해 전부터 숙박업 분야의 경쟁은 계속 치열해졌다. 정량적으로 숙박업소가 수적으로 증가했고, 공유숙박업, 게스트하우스 등 과거에 없었던 다양한 형태의 숙박업소와 숙박업을 대체하는 새로운 서비스가 생기면서 경쟁이 치열해졌다. 불난 데 기름을 부은 격으로 코로나19 바이러스 숙박업 경기를 추락시켰다. 다른 숙박업소보다 고객을 더 유치하기 위한 노력도 눈물겹다. 그럼에도 불구하고 숙박업소 프런트에는 숙박을 거부하는 사례가 있다.

프런트에서 행패를 부리는 고객, 술에 취해 막말과 욕설을 하며 난동을 부리는 고객, 다른 고객에게 시비를 거는 고객, 복도에서 크게 소리치는 고객 등 숙박을 거부할 수밖에 없는 상황이 발생한다. 객실 하나를 판매하는 것보다 손실이 크다고 예상된다면 숙박을 거부하는 것이 옳다. 실제로 고객이 입실해서 기존에 입실한 다른 고객에게 피해를 주는 사례도 있다. 이런 상황이 예상되는 고객은 프런트에서 미리 차단한다. 그러면 고객은 또 한 번 격하게 항의하며 숙박을 거부했으니 경찰에 신고하겠다고 겁을 준다. 숙박업소에서 숙박을 거부하면 처벌 받을까?

숙박업에서 일어난 일은 아니지만, 참고할만한 사례를 소개한다. 2018년에 전북 익산의 한 병원 응급실에서 만취한 환자가 들어와서 의사를 폭행한 사건이 있었다. 또 구급차에 실려온 만취 환자가 구급대원을 폭행해서 구급대원이 구토와 뇌출혈 증세를 보이다가 결국 사망하는 사건도 있었다. 이렇게 난동을 부리는 사람은 당연히 진료를 거부하는 게 옳다는 생각이 든다. 하지만 환자에게 의료서비스를 제공하는 의료인은 진료를 거부할 수 없도록 법으로 규정하고 있다. 3차례 의료 거부는 면허·자격 취소 처분이 내려지는 등 강력한 제재가 따른다.

숙박업소의 숙박거부는 어떨까? 법률구조공단에 문의한 결과 숙박거부는 법적인 제재가 없다는 회신을 받았다. 사회 전반의 경기가 안좋은 상황에서 숙박업소에서 고객을 가려서 받기는 어렵다. 숙박업소 프런트에 아이스크림, 원두커피, 팝콘, 간식, 음료 등 먹거리를 비치하며 고객을 유치하기 위해 노력한다. 그럼에도 불구하고 숙박업소에서 숙박거부를 한다는 것은 차마 수용하기 어려운 고객이라는 의미다. 숙박을 거부해야 하는 상황이 발생한다면 당당히 대처하기 바란다. 자세한 내용은 유튜브 숙박TV에 숙박업 관련 법률자문 영상을 참고하기 바란다.

룸메이드팀을 부르는 호칭

점심시간에 중국음식을 먹자고 하면, 짜장면과 짬뽕이 떠오르고 군침이 돈다. 중국음식을 생각하는 것만으로 군침이 돈다. 이 음식을 만드는 주방은 어떨까? 주방도 깔끔하게 정리정돈 된 청결한 상태일까? 영업을 종료한 후에는 정리정돈을 하지만, 영업 중에는 그렇지 않다. 요리를 하다가 바닥에 떨어진 식재료 조각, 바닥에 떨어진 양념소스, 정리되지 않은 주방과 조리도구 등 우리 눈에 보이지 않는 것들이 많다. 심지어 음식점 주방을 보면 식당에서 음식을 먹을 수 없다고 할 정도로 위생 관리가 심각한 곳도 있다. TV 고발 프로그램에 위생 관리가 불량한 식당 주방이 방송된 사례도 있고, 위생 점검에 불합격한 식당도 많다. 주방을 오픈해서 음식을 만드는 과정을 공개하는 곳도 있지만, 이 경우 주방 관리를 철저하게 해야 한다.

중소형호텔도 객실을 준비하는 과정을 고객이 보지 못하도록 하는 것이 바람직하다. 고객이 떠난 객실에 룸메이드 직원이 들어가서 휴지통을 치우고 화장실 청소와 먼지를 제거, 음식물 쓰레기를 정리하는 과정을 다음에 입실할 고객이 본다면 긍정적인 이미지를 기대하기는 어렵다. 가능한 객실청소는 시작부터 끝까지 고객에게 보이지 않도록 관리한다.

객실청소는 프런트에서 룸메이드팀에게 청소할 객실 정보를 안내하는 것으로 시작된다. 프런트 직원이 룸메이드팀에게 객실 정보를 전달하는 방법은 다양하다. 객실전화, 무전기, 스마트폰 단체 대화방을 이용할 수도 있다. 중소형호텔에서 직원 사이에 의사 전달을 무전기로 하는 경우가 많다. 무전기로 객실 정보를 전달할 때 유의할 점이 있다. 무전기를 통해 정보를 주고받으면 복도나 계단에서 고객이 무전 내용을 듣는 경우가 있다. 무전 내용을 고객이 듣는다고 해서 큰 문제는 일어나지 않지만 퇴실한 고객이 해당 층을 벗어나지 않았거나 엘리베이터를 기다리는 상태에서 청소를 지시하는 무전을 듣는다면 어떨까? 방금 객실에서 고객이 나오자마자 룸메이드팀 직원이 들어가는 모습을 본다면 기분이 좋지 않을 것이다. 그래서 무전기를 통해서 연락하는 프런트 직원은 이런 점을 감안해서 청소할 객실에 대한 정보를 신중하게 전달해야 한다.

룸메이드 직원과 프런트 사이에 정보를 전달하기 위해 호칭을 정하는 것도 좋다. 혹여 고객이 무전을 듣더라도 거부감을 최소화하기 위해서다. 예를 들어, 객실청소를 두 팀으로 나눠서 운영하는 숙박업소라면 한 팀은 '태권', 다른 한 팀을 '브이'로 부르는 식이다. 만약 태권팀이 3층 객실로 이동한다면 "태권팀은 3층으로 이동해 주세요."라고 하거나 "태권팀 세 개요."라고 무전기로 말한다. 만화주인공 이름이나 과일 이름도 좋다. 콩순이팀, 루피팀, 사과팀, 레몬팀 등으로 불러도 좋다. 고객이 들어도 거부감이 들지 않는 이름으로 정한다. 정보를 수신하는 룸메이트팀도 이런 호칭을 부르면, 청소 지시를 내리는 것보다 듣기에 편하다.

게스트하우스는 소규모로 운영되기 때문에 청소만 담당하는 직원이 따로 없는 곳이 많다. 보통 입실은 오후 3시 이후, 퇴실은 오전 11~12시다.

고객이 퇴실하고 입실하기 전까지 2~3시간 동안 호스트 혼자 혹은 아르바이트 직원이 객실을 정리한다. 게스트하우스도 청소하는 과정을 고객에게 공개해서 좋을 건 없다. 가능한 청소 과정은 보여주지 않는 편이 낫다.

추가요금 안내의 정석

프런트에서 고객이 항의하는 소리가 요란하게 들렸다. 관리자로서 고객을 응대하기 위해 프런트로 갔더니 고객은 더 큰 목소리로 프런트 직원에게 따지듯 말했다. 내용은 이랬다. 퇴실 시간을 넘긴 고객에게 프런트 직원은 추가 요금을 내야 한다고 말했다. 이 말에 고객이 큰 소리로 항의하고 있었다. 고객이 소리를 지르며 항의하자 프런트 직원은 당황해서 어쩔 줄 몰라하며 고객을 진정시키기 위해 노력했다. 직원은 뒤늦게 퇴실 규정과 이용요금 체계를 설명했다. 고객은 퇴실이 이삼십 분 늦었다고 추가 요금을 내는 건 너무하지 않냐고 반문하며 직원의 설명을 듣지 않았다.

대부분의 숙박업소는 고객이 사용한 시간만큼 비용을 지불하는 요금체계로 운영한다. 정해진 시간보다 일찍 입실하면 조기입실 요금이 발생하고 늦게 퇴실하면 늦은 시간만큼 추가비용을 지불하는 게 일반적인 요금체계다. 객실 이용 시간 외에 객실을 추가로 이용했다면 추가비용을 지불하는 것은 당연하다.

대부분의 고객이 정해진 시간에 맞춰 입·퇴실한다. 하지만 추가요금에 대해서 반감을 갖는 고객이 많다. 퇴실 시간이 몇 분 늦어졌다고 야박하게 추가요금을 받는 건 너무하다고 생각하는 것이다.

간혹 객실 이용시간을 초과한 고객이 시간 연장 의사를 밝히지 않은 채, 객실에 머물면 어떻게 대처할지 몰라서 난감해하는 직원들이 있다. 이럴 때 대처하는 방법은 간단하다. 객관적으로 보면 우리 호텔을 방문한 고객이기에 직원은 무조건 친절하게 응대해야 한다. 고객이 퇴실하지 않고 객실에 조금이라도 더 머물렀다는 것은 부정적인 의미보다 긍정적인 의미가 더 크다. 객실 이용시간을 넘겨서 추가요금이 발생했다면 직원이 고민할 필요는 없다. 먼저 퇴실시간 30분 전에 객실로 전화해서 1차 퇴실 안내를 한다.

"편히 쉬셨습니까? 고객님. 퇴실 준비 부탁드리겠습니다."

퇴실시간 정각에 2차 퇴실 안내를 한다.

"고객님, 객실을 더 이용하신다면 추가요금이 발생할 수 있습니다."

퇴실 안내와 추가 요금에 관해서도 친절하게 안내한다. 고객에게 추가요금을 안내했다면 프런트의 역할은 다한 것이다. 2차 퇴실 안내 이후 일정 시간이 지나도 퇴실하지 않으면, 다시 안내 전화를 걸어 발생된 추가요금을 안내한다. 고객이 퇴실하면서 프런트에서 항의한다면 정해진 퇴실 시간과 추가요금을 안내했으므로 늦게 퇴실한 고객은 더 이상 할 말이 없다.

그럼에도 불구하고, 이런저런 이유를 들며 추가요금을 지불할 수 없다고 항의한다면 고객을 예우하는 차원에서 "이번에는 고객님께서 여러 가지 이유로 이용시간을 지키지 못하셔서 추가요금을 할인해 드리겠습니다. 다음에 이용하실 때는 퇴실 시간을 지켜주시기 바랍니다."라고 응대한다. 최대한 기분이 상하지 않게 응대하는 게 중요하다. 단순히 고객이 항의해서 추가요금을 받지 않았다는 인상을 남기면 안 된다. 고객이 늦게 나온 이유 가운데 불가피한 상황을 인정했기 때문에 추가요금을 할인해주었다는 사실을 명확하게 전달한다. 단순히 고객이 항의해서 추가요금을 할인 받았다는 인상을 준다면 다음에 방문할 때도 똑같은 일이 반복될 수 있기 때문이다.

"고객은 왕이다." 서비스업에서 이 말은 진리다. 중소형호텔에서는 고객의 말에 귀를 기울이고 친절해야 하며 낮은 자세를 유지해야 한다. 그렇다고 중소형호텔이 봉사단체는 아니다. 친절하게 응대하되 객실요금은 정해진 규정에 따라 확실하게 지킬 수 있도록 안내해야 한다. 친절한 것과 규정을 지키는 것은 전혀 다른 문제다.

4
chapter

호텔의 중심
프런트 데스크

프런트 데스크는 호텔의 중심이다

중소형호텔의 프런트 데스크$^{front\ desk,\ 이하\ 프런트}$는 호텔의 중심 역할을 한다. 사람으로 비유하면 뇌와 같다. 군대에서 지휘관이 전략과 전술에 따라 명령을 전달하는 것처럼 프런트 데스크의 역할도 이와 비슷하다.

호텔에서 고객을 처음 맞이하는 곳이 프런트다. 프런트는 호텔 이미지를 결정하는 아주 중요한 곳이다. 호텔 프런트는 모든 부서 업무담당자와 연결되어 있고 객실 관리뿐만 아니라 고객 응대, 이벤트, 매출에 영향을 주는 모든 일이 일어난다.

중소형호텔에서 프런트의 역할은 고객에게 객실 정보를 안내하고 객실 배정 후 체크인과 체크아웃을 도와주는 것이다. 고객이 객실에서 불편한 점을 이야기하면 객실 변경을 도와주고 다음에 찾는 고객이 불편이 없도록 객실을 준비한다. 고객에게 객실 키를 전달하고 외출 시 키를 맡아주어 분실하는 일이 없도록 한다. 객실을 예약한 고객은 친절히 안내한다. 또 룸메이드 직원이 효율적으로 업무에 임할 수 있도록 동선을 확보하고 객실 준비 사항 등을 지시한다. 프런트는 눈에 보이는 영역과 보이지 않는 영역에서 여러 가지 기능을 담당한다.

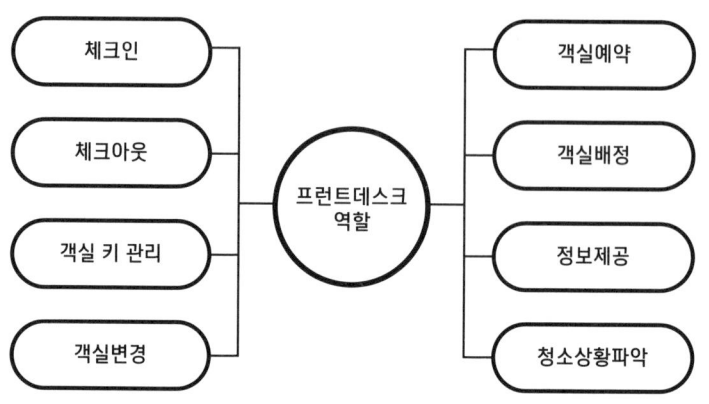

참고:《호텔객실실무론》이선희·송대근, 2005

　프런트 데스크에서 하는 일을 나타낸 도표는 관광호텔의 프런트 데스크 역할이다. 중소형호텔은 여기에 객실 점검, 시설 점검, 시설 보수, 고객 분실물 관리, 이벤트 진행 및 안내 등의 업무가 추가된다. 관광호텔에서 분업화된 업무를 중소형호텔에서는 프런트 직원이 전담해서 처리하는 경우가 많다.

　게스트하우스는 별도의 프런트 데스크가 없다. 중소형호텔 프런트에서 하는 모든 역할을 호스트가 대신한다. 호스트는 대부분 공동으로 사용하는 공간에서 고객을 응대하고 체크인, 체크아웃, 관광정보제공, 객실예약 업무까지 맡아서 한다. 중소형호텔과 비교해서 소규모로 운영하기 때문에 프런트 기능을 하는 게스트하우스의 호스트는 그 역할이 전천후라고 할 수 있다.

프런트 담당 직원은 한두 명만 배치한다

거리를 걷다 보면 들어가기 편한 분위기의 가게가 있는 반면, 들어갔다가 되돌아 나오는 가게도 있다. 중소형호텔도 고객이 들어왔다가 이유 없이 나가는 일이 종종 발생한다. 가게에 들어갔다가 나오는 데는 여러 가지 이유가 있다. 가게에 들어갔는데 고객보다 종업원의 수가 많다면 대충 둘러보고 나오게 된다. 식당에 고객보다 종업원 수가 많을 때 들어갈지 말아야 할지 고민하게 된다. 옷가게도 고객은 한두 명뿐이고 매장 이곳저곳에 여러 명의 점원이 있다면 들어가기가 망설여진다.

고객이 이렇게 행동하는 이유는 무엇일까? 과거에 겪었던 경험에서 나타나는 자연스러운 현상이다. 고객은 없고 종업원이 여러 명인 식당에 들어가 음식을 주문하는 순간부터 여러 명의 종업원이 나만 쳐다본다. 그렇다고 특별히 서비스를 잘 해주는 것도 아니다. 쳐다보지 말라고 말하면 더 불편한 상황이 된다. 이런 상황이 불편하지만 불편하다고 말하기도 쉽지 않다. 고객이 적당히 있고 종업원도 적당히 있는 식당에서 밥을 먹기 편하다.

중소형호텔도 이와 비슷하다. 중소형호텔을 찾는 고객은 가게나 식당을 찾은 고객보다 더 민감하다. 중소형호텔을 찾는 고객 중에는 여행객이나 출장 중인 직장인도 있고 연인이나 커플도 있다. 커플이 호텔을 들어섰을 때 프런트에 네 명의 직원이 일제히 고객에게 인사하며 응대한다면 고객은 어떤 기분일까? 직원들이 각자 업무를 하다가 입구로 들어오는 고객을 응대하기 위해 동시에 자리에서 일어난다면 고객은 아주 불편할 것이다.

관리자는 고객이 불편할 수 있는 사항을 미리 파악하고 직원교육을 통해서 고객이 불편을 느끼지 않도록 사전 조치해야 한다. 규모가 큰 호텔이 아니라면 프런트에는 CS교육을 받은 직원 한두 명이 상주하는 것이 가장 좋다. 프런트에는 고객을 응대하는 직원을 제외하고 직원은 입구에서 보이지 않는 공간에서 일하는 게 바람직하다. 어쩔 수 없이 직원이 함께 있어야 하는 상황이라면, 고객이 입구로 들어섰을 때 고객을 응대하는 직원은 한 명이면 충분하다. 고객 응대 직원을 제외한 나머지 직원들은 고객의 눈에 띄지 않는 사무실 안쪽 또는 프런트 뒤편에서 각자 업무를 보는 것이 고객에 대한 배려다.

숙박정보를 제공하는 숙박앱이나 웹사이트 이용후기에는 호텔 투숙객이 입실할 때 프런트에 직원이 많아서 불편했다는 내용이 종종 올라온다. 만약 커플이 숙박 장소를 찾기 위해 숙박앱을 검색하던 중 이런 이용후기를 봤다면 어떨까? 다른 곳으로 발길을 돌릴 가능성이 높아진다. 고의적으로 등록한 악성 후기나 약관에 위배된 후기가 아니라면 한번 등록한 이용후기는 삭제하기 어렵다. 이것은 많은 사람들에게 공유되어 홍보에도 나쁜 영향을 준다.

프런트에는 고객 응대뿐만 아니라 할 일이 많다. 프런트 직원 외에 다른 부서 직원이 프런트에 함께 있을 때도 있다. 프런트에 직원 동선이 고객에게 노출된 구조라면 필요에 따라 고객의 눈에 보이지 않는 곳에서 업무를 할 수 있도록 프런트 구조를 바꾸는 것도 고객을 위한 배려다. 역지사지^{易地思之}라는 말처럼 고객 입장에서 불편하다고 판단되면 고쳐야 한다. 고객이 최대한 편안하게 호텔을 이용할 수 있도록 개선하는 것이 관리자의 역할이다. 같은 비용을 지불하고 불편한 호텔을 선택할 고객은 없다는 사실을 기억하기 바란다.

프런트는 항상 정리된 상태를 유지한다

레스토랑에서 깔끔하게 차려입고 대기하는 직원을 웨이터라고 부른다. 웨이터는 고객이 부르면 테이블로 다가와서 응대한다. 테이블 위의 빈 그릇이나 빈 접시를 치우고 정리한다. 음료를 제공하고 고객이 최대한 편하게 식사할 수 있도록 돕는다. 이것을 테이블 디자인 또는 테이블 서비스라고 한다. 고객이 식사하는 동안 불편하지 않게 돕는 역할을 하는 웨이터처럼 중소형호텔도 레스토랑의 테이블 디자인과 같은 서비스가 필요하다. 프런트는 고객이 호텔을 방문했을 때 처음 직원과 만나는 장소다. 중소형호텔의 프런트는 레스토랑의 테이블처럼 항상 정돈되어 있어야 한다.

프런트를 단순히 고객이 결제하는 곳으로 생각하면 안 된다. 객실 요금만 받는 프런트라면 과거 여관이나 여인숙 같은 폐쇄형 프런트가 낫다. 최근 폐쇄형 프런트에서 개방형 프런트로 바꾸는 이유는 고객에게 좋은 이미지를 주기 위해서다. 화려한 인테리어로 프런트를 꾸민 호텔은 그에 맞는 이미지를 유지하도록 노력해야 한다. 프런트에 물건이 어지럽게 널려 있거나 서류나 현금, 일회용품 등이 올려져 있어도 고객을 응대하는 데 문제는 없다. 하지만 정돈되지 않은 상태로 두면 안 된다. 프런트에 여러 가지 물건이 놓여 있어도 고객에게 직접적인 영향을 주지는 않지만 고객에게 호텔 이미지를 좋게 남기기 어렵다.

프런트가 정돈되지 않은 상태로 고객을 응대한 직원을 본 적이 있다. 객실을 점검하던 직원이 욕실의 수건걸이가 파손된 사실을 확인하고 보수하기 위해 프런트에 잠시 내려왔다. 프런트 공구함에서 드라이버와 펜치 등 보수 용품을 챙겨서 객실로 올라가려는데 고객이 들어왔다. 당시 프런트 직원은 예약을 문의하는 고객과 통화 중이었기에 수건걸이를 보수하던 직원이 고객을 응대했다. 그는 자신도 모르는 사이에 손에 들려 있던 드라이버와 공구를 프런트 위에 올려놓고 고객에게 객실요금을 안내했다. 고객이 엘리베이터를 탄 후 뒤늦게 프런트에 드라이버와 보수용품이 올려져 있는 것을 보았다. 당시에 프런트 업무에 익숙하지 않은 객실점검 담당 직원이라서 주의를 주었다. 그 후 프런트는 항상 정리된 상태를 유지했고 객실담당 직원은 습관처럼 주변을 정리했다.

어느 호텔에서는 직원이 커터칼로 이벤트 용품을 다듬다가 고객이 방문하자 프런트 위에 칼로 자른 부스러기와 커터칼을 올려놓고 응대한 사례도 있었다. 이런 실수는 없어야 한다. 만약, 프런트 직원이 고객과 통화를 하는 중에 고객이 방문했다면 통화 중인 고객에게 양해를 구하고 프런트 고객을 먼저 응대하는 것이 바람직하다.

이와 같은 실수에 공감하는 호텔 직원은 많다. 사소한 실수가 잦으면 좋지 않은 인상을 받은 고객이 늘어난다. 프런트는 고객을 응대하는 장소다. 사무용품과 여러 가지 집기가 필요하지 않다. 프런트 아래 직원이 사용하는 공간(고객에게 보이지 않는 부분)에 예약 장부, 입·퇴실장부, 현황판, 볼펜, 메모지 등 반드시 필요한 물건만 올려놓고 고객을 응대한다. 고객이 호텔에 들어섰

4 호텔의 중심 프런트 데스크

을 때 정리되지 않은 프런트를 보고 지저분한 인상을 받았다면 고객은 객실 청결까지 의심할 수 있다. 첫인상은 기억에서 잊히지 않는다. 이것이 프런트를 항상 깨끗하게 정리정돈해야 하는 이유다.

신분증은 철저하게 확인한다

미성년자 보호에 관한 법률은 계속 보완·강화되고 있다. 미성년자를 대상으로 한 범죄에 대한 처벌도 과거에 비해 더 엄격해졌다. 숙박업소는 미성년지 보호에 관한 법률을 반드시 지켜야 하는 곳이다. 미성년자가 호텔에 숙박하려면 법률적으로 동성의 미성년자가 함께 숙박하거나 보호자와 함께 숙박해야 한다. 그 외에 미성년자가 중소형호텔을 이용할 수 있는 방법은 없다. 하지만 미성년자 동성끼리 입실했다가 프런트 담당 직원이 자리를 비운 틈에 이성이 몰래 입실하면 중소형호텔에서 책임져야 한다. 때문에 미성년자의 입실은 원칙을 엄격하게 지켜야 한다.

  프런트 직원은 고객이 미성년자처럼 보이면 반드시 신분증을 확인해야 한다. 어려보이는 고객이 나이를 증명할 신분증이 없다면 입실을 제한한다. 신분증 검사를 완료한 고객은 입실기록지에 호수와 입실시간, 신분증에 표시된 출생년도를 비고란에 적어둔다. 만에 하나 실수로 미성년자가 입실해서 단속에 적발되더라도 평소에 신분증 검사를 철저히 했다는 근거로 제시할 수 있다. 이런 자료들이 미성년자 입실에 대한 고의성이 없음을 밝히는 증거가 된다.

중소형호텔에 미성년자가 많이 오는 시기는 수학능력시험을 치른 직후다. 수학능력시험이 끝나고 곧 성인이 된다는 기쁨에 취해서 성인 흉내를 내는 고등학생이 많다. 졸업을 앞둔 고등학생은 성인과 체격이 비슷하고 교복을 입지 않으면 학생인지 성인인지 구분하기 어렵다. 고등학생뿐만 아니라 조기에 대학에 입학한 1학년도 미성년자다. 프런트 담당 직원은 어려보이는 고객에게 양해를 구하고 반드시 신분증을 확인해야 한다.

손자병법에서 허장성세(虛張聲勢, 헛되이 목소리만 높인다는 뜻)는 전쟁에서 유용한 전략 가운데 하나로 기록되어 있다. 미성년자, 특히 고등학생은 숙박업소를 방문할 때 허장성세를 한다. 남학생은 어른처럼 보이기 위해 정장을 입는가 하면 여학생은 짙은 화장으로 나이를 속인다. 그리고 중소형호텔을 방문하는 여느 고객과 다르게 당당하게 프런트로 걸어오기 때문에 프런트 직원도 의심하지 않고 객실을 안내하는 경우도 있다.

신분증이 없는 미성년자는 자신이 미성년자가 아님을 증명하기 위해 SNS를 보여주기도 한다. SNS 계정으로 로그인해서 사용자 정보를 보여주면서 미성년자가 아님을 증명하는 경우도 있다. 미성년자들은 미성년자출입금지 업소를 들어가기 위해 SNS 계정의 개인 정보를 미리 변경해 둔다. 중소형호텔을 드나드는 미성년자들이 자주 사용하는 방법이다. 또 신분증 대신 대학교 학생증을 제시하는 사람도 있다. 대학교 학생증은 나이를 확인하는 신분증이 아니다. 일반적으로 대학생은 성인이라고 생각할 수 있지만 검정고시를 보거나 고등학교를 조기 졸업해서 대학교에 입학하는 학생도 있다. 초등학교를 한 해 빨리 입학한 학생은 대학생임에도 나이는 미성년자에 해당한다. 숙박앱으로 예약하고 방문하는 미성년자도 있다. 이들도 성인확인 절차는 현장 고객과 동일하다. 성인확인이 되지 않는다면 입실은 불가하다. 숙박앱 이용약관에 명시된 사항으로 성인확인이 되지 않은 고객은 환불도 이용후기 작성도 어렵다. 프런트 직원은 미성년자를 판단할 때 얼굴과 출생년도를 확인할 수 있는 신분증을 요구한다. 신분증 외에 다른 것으로 나이를 확인해서는 안 된다. 몇 년 전에는 지방의 한 모텔에 고3 수험생이 단체로 투숙해서 술을 마시고 낙상사고가 발생한 사건이 있었다. 미성년자를 투숙시킨 모텔 업주를 협박한 사건도 있었다.

미성년자 혼숙과 미성년자 보호에 관한 법률을 악용한 사건이 늘어나고 있기 때문에 호텔 프런트 담당 직원과 관리자는 청소년보호법에서 정한 미성년자 출입 제한 규정을 철저하게 지켜야 한다.

〈청소년보호법〉
제30조 (청소년유해행위의 금지) 누구든지 청소년에게 다음 각 호의 어느 하나에 해당하는 행위를 하여서는 아니된다.
8. 청소년을 남녀 혼숙하게 하는 등 풍기를 문란하게 하는 영업행위를 하거나 이를 목적으로 장소를 제공하는 행위

게스트하우스도 미성년자 혼숙이 금지되어 있다. 게스트하우스는 주로 여행객이 이용하기 때문에 보호자와 동행할 경우 부모 동의하에 혼숙이 가능하다. 게스트하우스도 일반 숙박업소와 동일하게 미성년자 보호에 관한 법률이 적용된다. 그렇기 때문에 미성년자 투숙은 엄격하게 제한해야 한다.

미성년자가 모텔에 출입하는 세 가지 방법

유튜브 숙박TV에 등록한 첫 영상 제목이 '미성년자 모텔출입 세 가지 방법'이다. 낚시하듯 만든 제목 탓에 비난의 목소리를 많이 들었다. 미성년자가 모텔에 출입할 수 있다는 사실은 숙박업 종사자 중에도 확실하게 모르는 사람이 많다. 우리나라 법 제도 안에서 미성년자가 숙박업소을 출입하는 방법이 있다.

숙박업 경영자는 미성년자 혼숙이 적발되면 숙박업소는 영업정지 행정처분을 받을 수 있는 사안이다. 이 때문에 숙박업소 직원은 신분증을 검사해서 미성년자는 무조건 돌려보낼 뿐 왜 미성년자 출입이 불가한지 근거와 법률은 말하지 않는다. 실제로 일부 프런트 직원은 정확한 이유도 모르고 모든 미성년자의 출입을 막는다.
다음 내용이 청소년보호법을 다시 살펴보고 법적 근거를 이해하는 계기가 되었으면 한다. 미성년자 모텔출입이 가능한 경우는 다음 세 가지이다.

첫 번째, 부모님과 함께 숙박업소를 출입하는 방법이다. 가장 확실한 방법이다. 부모님과 함께 숙박하면 전국 모든 숙박업소를 당당히 출입할 수 있다.
두 번째는, 미성년자 남자들끼리 출입하는 방법이다.
세 번째는, 미성년자 여자들끼리 출입하는 방법이다.

물론, 두 번째, 세 번째 방법은 입실한 후에 객실을 옮겨 다니거나 남녀가 혼숙할 가능성이 있으니 숙박업소 직원이 출입시킬 가능성이 낮다. 다시 말해, 미성년자가 모텔에 들어가는 방법은 부모님과 함께 숙박업소를 찾는 방법뿐이다.
'청소년보호법'은 숙박업소에 근무하는 사람이라면 알아야 할 최소한의 법률이다. 다음 내용은 반드시 기억하기 바란다.

〈청소년 보호법 법률 제11048호〉

제1조(목적) 이 법은 청소년에게 유해한 매체물과 약물 등이 청소년에게 유통되는 것과 청소년이 유해한 업소에 출입하는 것 등을 규제하고 청소년을 유해한 환경으로부터 보호·구제함으로써 청소년이 건전한 인격체로 성장할 수 있도록 함을 목적으로 한다.

제2조(정의) "청소년"이란 만 19세 미만인 사람을 말한다. 다만, 만 19세가 되는 해의 1월 1일을 맞이한 사람은 제외한다.

제30조(청소년유해행위의 금지) 누구든지 청소년에게 다음 각 호의 어느 하나에 해당하는 행위를 하여서는 아니 된다.
8. 청소년을 남녀 혼숙하게 하는 등 풍기를 문란하게 하는 영업행위를 하거나 이를 목적으로 장소를 제공하는 행위

여성가족부 문의 전화 : 02-2075-8655

객실 배정에도 노하우가 있다

중소형호텔에서 객실 배정은 쉬운 일 같지만 실제로는 상당한 지능과 센스가 필요하다. 예를 들어, 고객이 "좋은 방으로 주세요."라고 말하면 어떤 객실을 배정해야 할까? 고객늘의 취향과 선호하는 스타일은 저마다 다르다. 프런트 직원의 취향에 따라 객실을 배정하면 입실 후에 객실을 변경해 달라는 요청이 들어오기도 한다. 객실을 배정할 때는 고객이 말하는 '좋은 객실'의 의미를 파악해야 한다.

첫째, 고객에게 좋은 객실은 고객이 원하는 객실이다. 고객에게 원하는 객실 유형을 물어본 후 객실을 배정한다면 만족도를 높일 수 있다. 거울이 많은 방을 원하는 고객에게는 한쪽 벽을 거울로 장식한 객실을 배정하고 엔틱한 분위기의 방을 원하는 고객에게는 고풍스러운 소품으로 꾸민 객실을 배정한다. 고객이 원하는 분위기에 딱 맞는 객실을 배정하기는 어렵지만 고객에게 원하는 유형을 물어보고 객실을 배정하면 마음에 들지 않는 방을 배정받는 일은 줄어든다.

둘째, 고객이 원하는 객실 유형을 명확하게 말하지 않으면 입실할 수 있는 객실 타입 두 가지를 짧게 설명하고 고객에게 객실을 선택하도록 한다.

사람은 스스로 선택한 결정을 옳다고 믿는다. 객실의 유형에 관해서 설명을 듣고 결정했다면, 선택한 객실을 바꿔달라는 사례는 거의 없다. 프런트 직원이 개인적으로 판단하여 객실을 배정하는 것보다 고객이 선택할 수 있도록 권한을 주는 것이 바람직하다.

셋째, 많은 고객이 선호하는 객실이 좋은 객실이다. 대중적으로 무난하고 이용하는 고객도 거부감이 없는 객실은 거의 모든 고객이 만족한다. 무난한 객실, 거부감 없는 객실은 배정하기에 무리가 없다. 많은 고객이 선호하는 객실은 이용후기도 나쁘지 않다. 많은 사람이 선호하는 객실은 그만한 이유가 있다. 객실을 배정하면서 "많은 고객님이 찾는 객실 유형으로 드리겠습니다."라고 안내한다면 고객은 거부감 없이 입실할 것이다. 이런 사례는 영화를 고르는 관객의 모습과 비슷하다. 극장에서 영화를 선택할 때 천만 관객이 본 영화는 주저 없이 선택한다. 아무런 정보가 없는 영화, 새로 개봉한 영화를 선택할 때는 고민한다. 이런 경우를 선택 이론에서는 군중심리로 설명한다.

넷째, 전망 좋은 객실 배정은 거의 모든 고객이 만족한다. 전망이 좋은 지역에 위치한 호텔은 고층으로 갈수록 객실 등급이 높아진다. 바로 전망 때문이다. 도심이 한 눈에 내려다보이는 객실은 같은 크기의 전망이 좋지 않은 객실과 비교해 요금이 비싸다. 비슷한 크기, 비슷한 타입의 객실을 배정할 때는 전망이 좋은 객실을 우선적으로 고객에게 배정하는 것도 만족도를 높이는 방법이다.

고객에게 권하기 좋지 않은 객실은 어떤 객실일까? 우선 냉난방이 취약한 객실이다. 보통 냉난방기를 객실마다 설치해서 큰 문제는 없다.

난방방식이 중앙난방 시스템인 중소형호텔이 있다. 중앙난방 시스템은

지하 보일러실에서 난방을 작동해서 전객실과 건물 전체를 난방하는 방식이다. 중앙난방 시스템은 객실 위치에 따라 난방이 잘 되는 객실과 난방해도 썰렁한 객실이 있다. 고층 객실에 비해 저층 객실의 난방이 취약하다. 필로티 구조로 1층 전체를 주차장으로 사용하고 2층부터 객실이 있다면 2층 객실은 난방에 취약하다. 중앙난방 시스템으로 운영하는 호텔에는 객실에 따라 온풍기나 바닥에 전기난방 혹은 온열침대를 설치한 곳도 있다.

 숙박업소 이용후기에 자주 등장하는 불만 중 하나는 객실 냉난방과 관련한 내용이다. 간혹 객실에 이상이 있는 경우도 있다. 샤워할 때 샤워기 수압이 약하거나 온수가 콸콸 나오지 않아서 욕조에 물을 채우는데 시간이 오래 길리는 객실은 고객의 불만이 자주 발생한다.

 PC가 제대로 작동하지 않거나 인터넷 연결이 자주 끊기는 현상이 발생하는 객실도 고객들의 불만이 발생한다. 20~30대 고객들은 PC 사양과 인터넷 속도에 민감하기 때문에 이런 부분에 신경 써서 객실을 배정해야 한다. 객실에 이상이 있을 때, 배정 받은 객실에 불만을 가진 고객을 응대하기는 매우 어렵다. 객실에서 자주 불만이 나온다면 사전에 고객에게 고지하는 것이 좋다.

 인터넷 연결이 자주 끊기거나 수압이 약해서 불편을 초래하는 객실은 설비를 교체하기 전까지 같은 불만이 계속 나온다. 이런 객실은 고객에게 배정하면 안된다. 하지만 객실이 없는 상황에서는 객실의 문제점을 고객에게 알리고 양해를 구해야 한다. 객실의 문제를 고객에게 알린 다음 객실을 배정하거나, 고객이 원하지 않으면 대기했다가 입실하도록 안내한다. 이렇게 안내하는 게 고객에게 신뢰를 주는 방법이다.

만약 객실의 문제를 알리지 않고 배정했다가 고객이 알게 되면 속았다는 느낌이 든다. 사소한 문제는 사전에 고지한 후 시간 연장 서비스나 할인 서비스를 제공한다면 고객에게 좋은 인상을 남길 수 있다.

동선이 겹치지 않도록 안내한다

작은 배려가 사람의 마음을 움직인다. 중소형호텔에서 고객의 마음을 읽어 배려를 놓치지 않는다면 호텔을 다시 찾게 하는 계기가 될 수도 있다. 중소형호텔을 찾는 고객들은 대부분 비슷한 동선으로 움직인다. 프런트에서 객실요금 결제를 마친 고객은 엘리베이터를 이용해 객실로 이동한다. 이동 중에 다른 고객이나 룸메이드 직원 등과 마주친다면 불편할 수도 있다. 중소형호텔을 찾는 고객은 대부분 연인이나 커플이 많다. 숙박업소는 음식점이나 편의점처럼 사람을 마주치는 공간이 아니다. 타인과 마주치는 것을 최소해서 동선을 설계하는 게 좋다. 요즘은 고객의 프라이버시를 지키기 위해서 무인으로 운영하는 모텔이 늘어나는 추세다.

중소형호텔은 고객의 마음을 읽고 동선이 겹치지 않는 구조로 설계해야 한다. 객실을 청소하는 직원이나 점검하는 직원이 고객과 동선이 겹치지 않도록 조정하는 것도 이런 이유에서다. 호텔에서는 고객이 누구와도 마주치지 않고 입실하고 퇴실할 수 있도록 동선을 구성하는 게 좋다. 비슷한 예로 백화점이나 마트 등 고객을 서비스하는 시설에는 고객이 다니는 동선과 직원이 다니는 동선이 분리되어 있다. 통로가 좁아서 나누는

게 아니라 백화점을 이용하는 고객이 불편하지 않도록 배려하는 차원이다. 마찬가지로 중소형호텔도 고객을 배려해 동선을 설계해야 한다. 동선을 정하고 전 직원이 정해진 동선에 따라 이동할 수 있도록 교육해야 한다.

룸메이드 팀과 동선이 겹치지 않도록 객실을 배정하되 부득이하게 청소중인 층에 객실을 배정한다면 룸메이드 팀이 고객이 입실할 때까지 청소 중인 객실에 머물도록 지시한다. 복도에서 고객과 이미 마주쳤다면 자연스럽게 목례만 하고 지나친다. 시선은 바닥을 향하는 것이 좋다. 복도에서 고객과 눈을 마주치지 않는 것도 고객을 위한 배려다. 고객이 직원과 마주치지 않도록 동선을 관리하는 것도 중요하다. 고객과 고객이 만나지 않도록 조절하는 것도 중소형호텔에서 고객에게 할 수 있는 배려이다.

최근에 중소형호텔은 서비스가 비슷하다. 고객의 재방문을 유도하려면 인근 호텔보다 고객이 편하게 이용할 수 있게 서비스를 제공해야 한다. 작은 배려가 큰 차이를 만드는 곳이 중소형호텔이라는 점을 명심해야 한다.

환불을 요구하는 고객 응대

고객이 객실에 입실한 후에 환불을 요구하는 일은 종종 발생한다. 객실 환불에 대한 규정을 정해놓고 고객에게 설명하는 중소형호텔이 있지만 대부분은 그렇지 않다. 프런트 직원도 환불에 대한 규정을 정확히 숙지하지 않은 곳도 있다. 환불 원칙은 소비자기본법 16조 소비자 분쟁의 해결에 근거해서 프런트 직원이 상황에 따라 판단하면 된다. 법을 근거로 고객을 설득하기보다 고객의 환불 요구가 합당하다면 정중하게 환불에 응한다. 하지만 환불이 부적합하다고 판단되면 거절한다. 환불을 거절할 경우에는 고객 불만으로 이어질 수도 있으니 유의한다. 고객에게 이해를 구하려면 프런트 직원은 관련 법규와 분쟁 사례를 숙지해야 한다. 분쟁 사례는 인터넷에서 검색하면 대응 방법까지 자세하게 설명한 글을 볼 수 있다.

환불은 항상 신중해야 한다. 중소형호텔에서 먼저 환불규정을 정하고 모든 고객이 확인할 수 있는 공간에 주요 조항을 고지한다. 숙박앱 호텔 이용약관이나 운영 중인 블로그에 등록해서 숙박업소를 이용하기 전에 고객이 인지할 수 있도록 한다. 이렇게 하지 않으면 현장에서 갑자기 취소를 요청하거나 객실이 마음에 들지 않아서 환불을 요구할 때 대응하기 어렵다. 객실의 청소 상태에 대한 불만으로 환불을 요구한다면 환불에 응하는 것이 좋다. 청결하지 않은 객실에 묵고 싶은 고객은 없다. 청소 상태에 대한 기준은 고객마다 다르지만, 프런트 직원이 판단하기에 합당한 요구라면 환불하는 것이 바람직하다. 예를 들어, 머리카락 여러 가닥이 침구에서 발견되었거나 전화기, 테이블, 리모컨 등에 이물질이 있다는 이유로 환불을 요구한다면 제대로 청소하지 못한 중소형호텔 측의 실수다. 고객이 욕조를 사용하려고 물을 채웠는데 이물질이 둥둥 떠다닌다면 불쾌함을 느끼고 환불을 요구하는 게 당연하다.

 호텔에서 고객이 제기하는 불만 가운데 큰 비중을 차지하는 것이 청결과 시설이다. 객실에 설치한 시설에 대해 불만을 토로하며 환불을 요구하는 경우도 있다. 객실의 시설도 고객이 지불한 숙박요금에 포함된 것이다. 시설을 제대로 이용하지 못했다면 환불요구에 응하는 것이 옳다. PC와 모니터는 최고급 사양이지만 관리가 제대로 되지 않아서 정상적으로 작동되지 않는다는 불만도 많다. 물론, 간단한 시설에 관한 불만은 즉시 교체하거나 고객에게 양해를 구한다. 하지만 주요 시설에 불만을 제기하고 실제로 그 시설이 정상적으로 작동하지 않으면 객실을 변경하거나 환불요구에 응한다.

 이런 일도 있었다. 객실에 설치된 세면대가 막혀서 물이 매우 천천히 내려가면 사용하기 불편하다. 물론, 하루 정도 불편을 감수하고 사용하는 고객도 있지만, 이런 불편함도 호텔에서 시설을 제대로 관리하지 못해서 일어난 일이다. 욕실 샤워기에서 물이 졸졸 나오는 객실도 있다. 고층에 위치한 객실은 수압이 낮아서 이런 문제가 종종 발생한다. 이 외에도 화장실 변기가 막혀서 이용할 수 없는 상황도 생긴다. 때로는 누수가 발생해서 천정에서 물이 떨어지는 객실을 판매해서 고객이 불편을 겪기도 한다. 시설에 관한 환불 요구는 제대로 관리하지 못한 호텔의 과실이므로 환불 요구에 응하는 것이 옳다.

고객이 환불을 요구할 때는 분명한 이유가 있다. 그 이유가 지극히 주관적이어도 호텔에서 프런트 직원은 환불을 요구하는 고객에게 친절하게 응대해야 한다. 환불을 요구하는 이유를 경청하고 사과를 해야 하는 상황이라면 즉시 사과한다. 룸메이드 직원이 신속하게 해결할 수 있는 일이라면 객실을 찾아가서 즉시 해결한다.

객실을 계속해서 사용하기 어려운 상황이라면, 환불요청에 응하기 전에 고객이 입실한 객실보다 높은 등급의 객실로 변경에 관해서 안내한다. 불편한 점을 정중히 사과하고 객실을 변경하는 것이 좋다. 사과하고 객실 변경을 안내했음에도 환불을 원하는 고객에게는 당연히 응해야 한다. 반면 이유도 없이 무작정 환불해 달라는 고객도 있다. 객실을 한 시간 정도 사용하고 마음에 들지 않는다는 이유로 환불을 요구하는 일도 있다. 이런 상황에서는 객실 사용규정을 안내하고 환불이 되지 않는 이유를 정중하게 안내한다.

게스트하우스에도 환불을 요청하는 고객이 있다. 고객이 환불을 요청하는 이유를 들어보고 게스트하우스의 과실이나 약속을 지키지 못했다면, 사과하고 환불해야 하지만 그렇지 않을 경우 게스트하우스의 규정과 환불조건, 위약금에 관해서 안내한다. 게스트하우스는 호스트의 판단에 따라 환불을 결정한다. 통상적인 숙박업 규정과 소비자기본법에 어긋나는 데도 고객을 응대하는 게 귀찮아서 환불에 응한다면 이런 점을 악용하는 고객이 생겨날 우려가 있다. 게스트하우스에서는 고객이 항의한다고 해서 무조건 환불에 응하기보다는 환불을 요청하는 이유를 검토한 후에 결정해야 한다. 좋은 방법은 인터넷과 예약시스템에 환불 규정을 정확히 공지해 고객이 사전에 숙지할 수 있도록 공개하는 것이 바람직하다.

공정거래위원회에서 고시한 '소비자분쟁해결 기준'에 의한 숙박요금 환불규정이 정해져있다. 소비자분쟁해결 기준은 강제규정이 아니라 자율 규정이다. 사업자와 소비자 사이에 분쟁 해결에 관한 별도의 의사표시가 없는 경우에 한하여 합의 또는 권고의 기준으로만 활용된다. 중소형호텔이나 게스트하우스 등의 숙박업 사업자가 홈페이지와 예약·입실 과정에서 환불에 대한 기준을 소비자에게 고지하였다면 소비자분쟁해결 기준보다 사업자가 정한 기준이 우선시 된다. 공정거래위원회가 고시하는 소비자분쟁해결 기준[숙박업]은 다음과 같다.

숙박업 환불과 관련한 소비자분쟁해결 기준
(공정거래위원회 고시 제2014-4호)

분쟁유형	해결기준	비고

1) 성수기 주중
① 소비자의 책임있는 사유로 인한 계약해제
  - 사용예정일 10일전까지 취소 또는 계약체결 당일 취소
  - 사용예정일 7일전까지 취소
  - 사용예정일 5일전까지 취소
  - 사용예정일 3일전까지 취소
  - 사용예정일 1일전까지 또는 사용예정일 당일 취소
 	
② 사업자의 귀책사유로 인한 계약해제
  - 사용예정일 10일전까지 취소
  - 사용예정일 7일전까지 취소
  - 사용예정일 5일전까지 취소
  - 사용예정일 3일전까지 취소
  - 사용예정일 1일전까지 또는 사용예정일 당일 취소
	- 계약금 환급
	- 총요금의 10% 공제후 환급
	- 총요금의 30% 공제후 환급
	- 총요금의 50% 공제후 환급
	- 총요금의 80% 공제후 환급
	
	- 계약금 환급
	- 계약금 환급 및 총요금의 10% 배상
	- 계약금 환급 및 총요금의 30% 배상
	- 계약금 환급 및 총요금의 50% 배상
	- 손해배상
		* 소비자가 사용당일 사용예정 시간까지 통보가 없는 경우 사용당일 취소로 봄.
		
		* 성수기는 사업자가 약관에 표시한 기간을 적용하되 약관에 관련 내용이 없는 경우에는 다음의 기간을 적용함.
		
		• 여름시즌 : 7.15 ~ 8.24
		• 겨울시즌 : 12.20 ~ 2.20
		
		* 주말: 금요일, 토요일 숙박 공휴일 전일 숙박

2) 성수기 주말
① 소비자의 책임있는 사유로 인한 계약해제
  - 사용예정일 10일전까지 취소 또는 계약체결 당일 취소
  - 사용예정일 7일전까지 취소
  - 사용예정일 5일전까지 취소
  - 사용예정일 3일전까지 취소
  - 사용예정일 1일전까지 또는 사용예정일 당일 취소
 	
② 사업자의 책임있는 사유로 인한 계약해제
  - 사용예정일 10일전까지 취소
  - 사용예정일 7일전까지 취소
  - 사용예정일 5일전까지 취소
  - 사용예정일 3일전까지 취소
  - 사용예정일 1일전까지 또는 사용예정일 당일 취소
	- 계약금 환급
	- 총요금의 20% 공제후 환급
	- 총요금의 40% 공제후 환급
	- 총요금의 60% 공제후 환급
	- 총요금의 90% 공제후 환급
	
	- 계약금 환급
	- 계약금 환급 및 총요금의 20% 배상
	- 계약금 환급 및 총요금의 40% 배상
	- 계약금 환급 및 총요금의 60% 배상
	- 손해배상	

분쟁유형	해결기준	비고

3) 비수기 주중
① 소비자의 귀책사유로 인한 계약해제
  - 사용예정일 2일전까지 취소
  - 사용예정일 1일전까지 취소
  - 사용예정일 당일 취소 또는 연락 없이 불참
	- 계약금 환급
	- 총요금의 10% 공제후 환급
	- 총요금의 20% 공제후 환급	

② 사업자의 귀책사유로 인한 계약해제
  - 사용예정일 2일전까지 취소
  - 사용예정일 1일전까지 취소
  - 사용예정일 당일 취소
	- 계약금 환급
	- 계약금 환급 및 총요금의 10% 배상
	- 계약금 환급 및 총요금의 20% 배상	

4) 비수기 주말
① 소비자의 책임있는 사유로 인한 계약해제
  - 사용예정일 2일전까지 취소
  - 사용예정일 1일전까지 취소
  - 사용예정일 당일 취소 또는 연락 없이 불참
	- 계약금 환급
	- 총요금의 20% 공제후 환급
	- 총요금의 30% 공제후 환급	

② 사업자의 책임있는 사유로 인한 계약해제
  - 사용예정일 2일전까지 취소
  - 사용예정일 1일전까지 취소
  - 사용예정일 당일 취소
	- 계약금 환급
	- 계약금 환급 및 총요금의 20% 배상
	- 계약금 환급 및 총요금의 30% 배상	

5) 기후변화 및 천재지변으로 소비자의 숙박지역 이동 또는 숙박업소의 이용이 불가하여 숙박 당일 계약 취소
  - 이동수단(항공기 등)의 이용이 불가한 경우
  - 이용이 불가한 경우
	- 계약금 환급
	- 계약금 환급
		* 기후변화 또는 천재지변으로 숙박업소 이용이 불가한 경우는 기상청이 강풍·풍랑·호우·대설·폭풍해일·지진해일·태풍주의보 또는 경보를 발령한 경우로 한정됨.

입실 10분 후 환불요구, 해줘야 할까?

유튜브 숙박TV 채널 구독자가 댓글로 질문을 남겼다.
"대실이나 숙박 입실 후에 아무것도 사용하지 않고 10분 정도 있다가 나오면 전액 환불해 주나요?"
중소형호텔 프런트에서는 이런 상황이 자주 발생한다. 남자고객이 방문해서 객실요금을 결재하고 입실했다. 잠시 후 프런트로 내려와서 여자친구가 갑자기 일이 생겨 못 오게 되었다며 환불을 요구한다. 객실 물품에는 아무 손도 대지 않았다고 했다. 여러분은 이런 상황에서 어떻게 대처하겠는가?
고객은 객실을 사용하지 않은 것을 강조한다. 객실을 사용하는 대가로 객실 요금을 지불했지만 전혀 사용하지 않았으니 환불해 달라는 논리다. 맞는 말 같지만 그렇지 않다. 숙박업소 객실 이용 기준은 사용 유무만으로 판단하지 않는다. 숙박업소는 일종의 부동산 임대업이다. 하루 또는 몇 시간 단위의 초단기 부동산 임대 계약으로 간주한다. 요금을 지불하고 객실을 이용한다는 것은 객실 이용 권한을 부여받는 것이다. 객실을 어떻게 이용할지는 고객의 선택이지 숙박업소가 관여할 일은 아니다.
다시 말해, 숙박요금을 지불하고 객실키를 받았을 때 이미 객실 이용 계약이 완료된 것이다. 객실에 문제가 발생하지 않는 이상 이 계약은 유지된다. 고객이 객실을 전혀 이용하지 않았더라도 키를 받고 입실하면 객실을 이용한 것으로 판단한다. 비록 짧은 시간이라도 객실키를 양도받은 순간부터 이미 객실을 이용했다고 생각하면 된다. 이런 경우, 숙박업소에서는 요금을 환불하지 않아도 된다. 하지만 고객도 숙박업소 직원도 모두 사람이다. 원칙만 앞세우면 고객을 잃을 수 있다. 고객의 사정을 들어보고 객실을 사용하지 않았다면 숙박업소의 정책이나 프런트 직원의 판단에 따라서 환불 여부를 결정하는 게 좋다.
이런 일을 방지하려면 숙박업소 이용약관에 넣어서 고객이 확인할 수 있게 하고 분쟁을 최소화하는 것이 현명하다.

프런트 전용 휴대폰 번호를 사용한다

다수의 고객을 응대하는 기업은 고객센터 전화번호가 따로 있다. 고객이 고객센터로 연락하면 모든 업무처리를 처리할 수 있도록 시스템을 갖추고 있다. 고객센터 전화번호를 따로 만든 이유는 두 가지다. 첫째, 업무처리의 효율성을 높이고 둘째, 고객으로 하여금 체계적인 회사로 인식하게 만드는 것이다. 고객센터 전화번호가 있다고 해서 그 기업에 전화번호가 하나만 있는 것은 아니다. 여러 개에서 많게는 수십, 수백 개 이상의 전화번호를 보유한 기업도 있다. 기업은 고객에게 하나의 모습을 각인시켜야 고객의 기억에 오래 남는다. 이것은 신뢰도와 연결된다. 때문에 하나의 채널로 통일하는 것은 중요하다.

중소형호텔에도 대표 전화번호가 있다. 고객은 객실 문의나 예약 문의를 할 때 대표 전화번호를 이용한다. 중소형호텔에서는 대표 전화번호 외에 고객응대를 위해서 프런트 전용 휴대폰 번호를 만들 것을 권한다. 유지비용이 많이 들지 않으면서 고객에게 하나의 휴대폰 번호로 연락할 수 있어서 이점이 많다.

대부분의 고객은 숙박앱으로 예약한다. 하지만, 전화로 예약하고 숙박료를 계좌로 입금하는 고객도 있다. 이때 고객이 숙박료를 입금했다면, 예약완료 문자를 보낸다. 이때 프런트 전용 휴대폰 번호로 발송하는 것이 좋다. 입금 순서에 따라 예약이 확정되는 시스템이라면 은행 입·출금확인 문자를 업무용 휴대폰 번호와 연동하여 숙박료가 입금되면 문자로 통보되도록 하는 것이다. 예약이 확정되었음을 알리는 예약확정 안내문자도 프런트 전용 휴대폰 번호로 발송하여 고객이 예약 내용을 확인할 수 있도록 한다. 만약 예약안내 문자를 직원 개인 휴대폰으로 발송한다면 해당 직원이 퇴근한 후에 다음 근무자는 예약 내용을 확인할 수 없어서 고객을 응대하기 어렵다. 고객이 문자를 발송한 휴대폰번호로 전화했을 때 연결이 안 되는 상황이 발생한다면 호텔 신뢰도는 떨어진다.

중소형호텔은 고객에게 객실을 대여하고 요금을 받는다. 만약 내부 시설이 제대로 작동하지 않거나 객실을 사용하는 데 지장이 있다면 매출은 떨어진다. 객실을 점검하면서 시설에 이상이 발생했다면 즉시 프런트 전용 휴대폰으로 사진 또는 동영상을 전송하여 교대 직원이 볼 수 있게 하고 설비업체 담당자에게 전달한다. 이렇게 하면 프런트 전용 휴대폰에 관리에 필요한 기록이 남고 모든 직원이 공유해서 객실 업무와 고객 응대를 빠르게 처리할 수 있다. 고객이나 업체와 통화에서 기록을 남겨야 하는 상황이라면 프런트 전용 휴대폰에 통화내용을 저장하고 직원과 공유한다. 프런트 전용 휴대폰은 중소형호텔을 효율적으로 관리하는데 도움이 된다. 게스트하우스는 호스트의 휴대폰으로 예약과 문의를 받는다. 문자도 호스트 휴대폰 번호로 발송하기 때문에 굳이 전용 휴대폰 번호를 만들 필요는 없다. 하지만 호스트가 개인적으로 사용하는 휴대폰 번호와 고객 응대용 휴대폰 번호는 분리하는 것이 효율적이다.

안녕하세요. ○○호텔입니다.

예약을 완료하시려면 다음 계좌번호로 예약금을 입금 부탁드립니다.

투숙일: 00년00월00일 18:00(1박)

객실상품: 특실

예약금: 00,000원

○○은행 계좌번호

123-456-789012

예금주: ○○호텔

예약금 계좌 문자 메시지

안녕하세요. ○○호텔입니다.

숙박예약이 정상적으로 완료되셨습니다.

투숙일: 00년00월00일 18:00(1박)

객실상품: 특실

예약금: 00,000원

호텔주소: 서울시 종로구 경복궁로 1번길1

전화: 02-000-0000

감사합니다.

-○○호텔-

예약확인용 문자 메시지

CCTV를 효율적으로 활용하기

CCTV가 빠르게 보급되면서 활용 범위가 매우 넓어졌다. 과거에 범죄를 억제하는 용도로 CCTV를 사용했다면, 최근에는 범인을 검거하는 수단으로 CCTV를 활용한다. tvN 예능프로그램 〈유 퀴즈 온 더 블록〉에서 뺑소니 전담반 베테랑 형사 유창종 경위가 출연해 "CCTV를 하도 봐서 눈이 나빠졌다."라고 말했다. 그의 뺑소니 검거율은 98퍼센트로 CCTV의 효용성이 검증된 셈이다. 우리 사회 전반에서 CCTV 활용도는 높아졌다. 이런 사실을 부인하는 사람은 없다. 요즘은 기업과 상점뿐만 아니라 가정에서 설치해서 사용할 수 있는 생활용 CCTV도 보급되었다.

중소형호텔에서 CCTV는 필수적으로 설치해야 하는 시설이다. 활용범위도 매우 넓다. 프런트 직원은 CCTV로 고객이 호텔 입구로 들어오는 모습을 확인하고 고객을 맞을 준비를 한다. 고객이 숙박료를 결제하는 과정에 이상이 없었는지 확인하는 상황에도 CCTV를 사용한다. 예를 들면, 현금으로 결제하고 잔돈을 받지 못했다거나 신용카드로 결제하고 신용카드를 돌려받지 못했다고 말하는 고객이 간혹 있다. 프런트 데스크의 CCTV에 녹화된 화면을 재생해서 확인하면 고객에게 불편을 주지 않고 해결할 수 있다.

　고객이 엘리베이터를 타고 객실로 이동할 때 청소담당 직원들과 동선이 겹치지 않게 관리하는 것도 CCTV가 있어서 가능하다. CCTV는 방범용으로도 유용하다. CCTV가 호텔 입구, 프런트, 복도 등을 24시간 지켜보고 있어서 도난사건이나 범죄가 발생할 우려가 적다. 불미스러운 사건이 발생해도 CCTV에 녹화된 영상을 근거로 해결할 수 있다.

　CCTV를 제대로 활용하면 고객에게 신뢰도를 높일 수 있다. 고객이 퇴실하면서 객실에서 놓고 간 물건을 룸메이드 팀에서 발견해서 프런트 CCTV 앞에 보관해두었다가 찾아준다면 고객은 호텔 직원에게 고마움을 느낀다. 발렛파킹을 요청한 고객이 혹시나 발생할 수 있는 접촉사고를 우려한다면 "저희 호텔은 주차장을 CCTV로 24시간 녹화중이니 안심하셔도 됩니다."라고 말해서 고객을 안심시킬 수 있다. 객실을 예약한 고객이 입실 시간 전에 호텔에 방문했다면 가방이나 짐을 프런트에 맡기는 경우도 있다. 이때에도 CCTV에 녹화되는 곳에 짐을 보관하면 분실을 예방할 수 있다.

　반면, 주의할 점도 있다. CCTV를 잘못 활용하면 직원을 감시하는 용도로 인식해서 오해를 받을 수도 있다. 직원의 인권 문제도 있고, 24시간 감시하는 관리자 밑에서 성심껏 일할 직원은 없다. 관리자는 이런 점을 염두에 두고 CCTV의 활용도를 높이는 방안을 고민해야 한다.

　도심에 위치한 게스트하우스에도 CCTV가 설치되어 있다. 하지만 지방도시나 관광지의 오래된 건물을 개조해서 운영하는 게스트하우스에는 입구에만 CCTV가 설치되어 있다. CCTV를 설치하지 않은 곳도 있다. 게스트하우스는 여러 여행객이 함께 사용하는 시설인 만큼 보안과 개인의 프라이버시를 철저하게 보장하기 어렵다. 게스트하우스에서는 보통 공동으로 사용하는 공간에 CCTV를 설치하고 있다. 성능이 좋은 CCTV는 아니더라도 CCTV가 있다는 것만으로 고객의 불안을 조금은 안심시킬 수 있다. CCTV가 보편화되면서 저렴하고 성능이 좋은 기종도 많이 출시되었다. 게스트하우스를 운영하고 있다면 모든 공용 공간에 설치하는 것이 바람직하다.

중소형호텔 몰래카메라 500원이면 찾는다

지난 5년간 몰래카메라 범죄가 6배 가까이 증가했다. 몰래카메라 재범률은 무려 75퍼센트에 달한다. 몰래카메라 범죄의 심각성이 대중에게 알려지면서 숙박업소도 안심할 수 없는 장소가 되었다. 2018년 7월 18일자 동아일보 기사에 따르면 4년 동안 서울 모텔 객실에 비치된 TV 속에 몰래카메라를 설치하여 투숙객을 찍어온 남성이 체포되었고 당시 영상 파일이 2만개가 넘는다는 기사도 있었다. 4년 동안 누구에게도 들키지 않았다는 의미다.

몰래카메라는 매우 다양하다. 과거 한 대학교 여자화장실에서 발견된 쓰레기통형 몰래카메라를 비롯해 벽시계형, 그림액자형, 화재감지형, 콘센트형, USB형, IPTV셋톱형, 거울형, TV형, 스피커형, 천정형 등 지름 1mm 정도 구멍만 있으면 어디든지 설치할 수 있다. 그래서 숙박업소 고객의 불안이 더욱 커질 수밖에 없다.

숙박업소 이용자는 반드시 몰래카메라가 있어서 불안한 것이 아니다. '혹시 몰래카메라에 내가 촬영될 지도 모른다', '동영상이 유포된다'라는 생각이 불안하게 만든다. 고객이 숙박업소 이용에 불안을 느낀다면, 숙박업소에서 책임지고 고객이 안심하고 이용할 수 있는 객실을 제공해야 한다. 최근에는 숙박업소 프런트에서 고객에게 몰래카메라 탐지기를 대여하는 곳도 생겼다. 우리 숙박업소에는 몰래카메라가 없으니 직접 탐지해보고 안심하라는 의미다. 이것도 좋은 방법이다. 몰래카메라 유무를 떠나 탐지기 대여서비스 자체가 고객을 안심하게 만드는 효과가 있다. 고객을 안심하게 할 수 있다면 이런 방법도 바람직하다.

중소형호텔 경영자는 적극적으로 몰래카메라를 퇴치해야 한다. 프런트에는 몰래카메라 탐지기를 구비하고 있어야 한다. 몰래카메라 탐지기는 1만 원 이하 제품부터 100만 원이 훌쩍 넘는 제품도 있다. 무조건 비싼 제품을 선택하는 것보다 판매자와 충분히 상의하여 객실 몰래카메라를 탐지하기에 용이한 제품으로 선택한다. 정기적으로 객실에 설치된 몰래카메라를 탐지해서 고객이 안심하고 이용할 수 있는 객실을 만들어야 한다.
몰래카메라 탐지기를 구비하기 어렵다면 500원을 투자하여 객실에 설치된 몰래카메라를 탐지할 수 있다. 글로 설명하기에는 부족하므로 실제로 몰래카메라 탐지 방법과 요령을 영상으로 준비했다. QR코드로 연결된 숙박TV 유튜브 영상을 참고하기 바란다.

정산시스템을 최대한 간소화한다

군대는 계급에 따라 상하관계가 확실하다. 군대는 상사나 상부에서 지시가 있을 때, 계급에 따라 순차적으로 명령이 하달된다. 하지만 상황이 긴박하거나 당장 걸정해야 하는 일은 먼저 상황에 대처한 후 보고를 하는 '선조치 후보고' 시스템에 따른다. 먼저 조치하고 나중에 보고하는 시스템은 긴급한 상황에서 절차보다 빠른 실행이 필요할 때 사용한다. 상황을 보고하는 것은 중요하다. 하지만 보고 절차, 즉 형식적인 면보다 빠른 실행으로 더 큰 이득을 얻거나 손실을 막을 수 있다면 상황과 재량에 따라 활용한다.

중소형호텔에서 형식적인 장부와 서류에 지나치게 얽매이다보면 실속을 챙기기 어렵다. 대표적인 예가 정산시스템이다. 정산시스템이 복잡하면 프런트 직원은 고객응대에 신경써야 하는 순간에서 계산과 시스템에 더 집중하게 된다. 혹시라도 정산 내역이 틀릴까봐 두려워서 하루에도 몇 번씩 정산하는 데 시간을 할애하면서 정작 중요한 일을 못할 수도 있다. 정산 내역이 틀리면 오해를 받거나 차액을 담당자가 사비로 채워 넣어야 할지도 모르기 때문이다. 모든 경영자는 매출에 민감하다. 반면, 직원은 자신의 역할을 제대로 수행한 후 매출을 확인한다. 예를 들어, 정산 금액이 맞지 않아서 몇 만 원을 직원이 매워야 하는 상황이 발생하면 다른 일은 머리에 들어오지 않는다. 정산을 간소화하면 직원은 자기 업무에 집중할 수 있다. 설령 오류가 있더라도 정산시스템이 복잡하지 않다면 오류가 발생한 지점을 쉽게 찾을 수 있다.

경영자의 역할은 직원이 자기 역할에 최선을 다할 수 있는 환경을 만드는 것이다. 프런트 직원이 고객에게 집중하게 만드는 방법은 정산시스템 간소화다. 정산시스템에는 반드시 필요한 항목만 입력하도록 구성한다. 정산시스템에 반드시 필요한 항목은 다음과 같다.

1. 현금매출, 카드매출
2. 객실 등급별 매출
3. 비품판매 매출
4. 예약자 계좌입금 내역
5. 어플예약 매출
6. 일일 전체매출 합계

이 정도면 충분하다. 호텔 특성에 따라 필요한 내역이 있다면, 한두 가지 더 추가하거나 수정해서 정산시스템에 입력할 항목을 정한다. 정산에 쏟는 노력을 줄이고 고객 응대에 집중하는 환경을 만든다. 정산하는 목적은 일일 전체 매출을 확인하고 어떤 항목에서 얼마의 매출이 발생했고, 매출 변화 추이를 한 눈에 알아보기 위함이다. 경영자는 최소한의 정산 항목만 입력할 수 있게 시스템을 만든다. 정산시스템에 있으면 편하고 없으면 조금 불편한 항목은 과감히 제외한다. 나중에 입력되는 무방한 항목은 필수 항목에서 빼는 게 현명하다.

다음은 출력해서 수기로 입력하는 숙박일지 양식이다. 숙박일지 항목은 관리시스템에 입력하는 최소한의 정보이므로 참고하기 바란다.

숙박일지

20 년   월   일   요일

담당	과장	지배인	대표

대실					숙박					통장입금		
번호	호수	입실	금액	비고	번호	호수	입실	금액	비고	날짜	입금자	입금액
1					1							
2					2							
3					3							
4					4							
5					5							
6					6							
7					7							
8					8							
9					9							
10					10							
11					11					추가요금		
12					12					호수	금액	
13					13							
14					14							
15					15							
16					16							
17					17							
18					18					지출내역		
19					19					항목	금액	
20					20							
21					21							
22					22							
23					23							
24					24							

호텔 업무는 간략하게 문서에 정리한다

학창시절 노트 정리를 잘 하는 학생이 공부도 잘 한다는 선생님의 말씀에 최대한 깔끔하고 보기 좋게 필기하려고 노력했다. 보통 상위권 학생의 노트는 중하위권 친구들과 비교해서 정리가 잘 되어 있다. 잘 쓴 글씨가 아니라도 보기 좋게 내용이 정리되어 있다. 회사도 마찬가지다. 책상 위의 서류와 사무용품이 잘 정리된 환경에서 일하는 직원이 업무성과가 높다. 정돈된 책상에서 일 하는 사람과 펜이 여기저기 굴러다니고 메모지, 출력물이 쌓여 있고 스테이플러를 찾으려고 이것저것 들춰야 하는 책상에서 일하는 사람은 결과물에도 차이가 있다. 중소형호텔의 업무는 사무직과 환경이 다르지만 정리정돈 상태와 업무 효율이 비례하는 것은 마찬가지다.

　호텔에서도 업무를 기록하고 원활하게 처리하기 위해 문서로 정리해야 한다. 고객응대가 주를 이루는 중소형호텔의 프런트 업무 특성상 일반 사무직처럼 정리해야 할 서류는 많지 않다. 하지만 제때 정리하지 않으면, 따로 시간을 내서 문서 작업을 해야 하고 업무에 차질이 생기기도 한다. 예를 들어, 근무자 인수인계시 객실 현황과 비품 재고 등을 제대로 전달하지 않았거나 객실 보일러에 문제가 발생했음에도 시설관리 대장을 제대로 기록하지 않아서 다음 근무자가 전달받지 못했다면 대형 사고로 이어질 수 있다. 인수인계에서 전달하지 못해서 고객이 불편을 겪으면 치명적이다. 이런 실수가 반복되면 향후 고객 만족도에 악영향을 준다. 이런 이유로 중소형호텔 직원은 문서작성과 전달을 확실히 해야 한다.

중소형호텔에서 정리해야 할 문서가 몇 가지 있다. 가장 중요한 문서는 객실점검표다. 매일 객실점검을 실시하면서 작성하는 객실점검표는 한 달 치만 보관해도 분량이 상당하다. 객실점검표는 관리자에게 보고한 다음 서류철에 묶어서 보관한다. 이렇게 보관하면 몇 달 전, 몇 년 전과도 비교할 수 있다. 현재 상황이 얼마나 개선되었는지도 객실점검표로 확인할 수 있다. 객실이 청소 및 관리 상대와 룸메이드팀에게 전달한 개선 사항이 현장에 제대로 반영되었는지 등을 확인하기 위해 객실점검표가 필요하다.

다음은 예약 노트이다. 고객과 예약 상담한 목록을 간단한 메모 정도로 생각하면 안 된다. 중소형호텔 고객유치의 핵심이 재방문고객 유지와 신규고객 유치라는 점에서 예약 노트는 의미가 크다.

재고 관리 서류도 중요하다. 비품 주문내역과 입고/소진 상태를 매일 확인할 수 있게 재고관리대장을 만든다. 매일 재고를 확인하고 소진되는 비품을 미리 준비한다. 빠르게 소진되는 비품은 원인을 확인해서 낭비를 줄이기 위해 노력한다. 시설 수리 및 A/S 내역을 기록하는 시설관리대장과 현재 근무자가 다음 근무자에게 특이사항을 전달하는 인수인계 노트도 중요하다. 이 외에도 승강기 점검서류, 카리프트 점검서류, 방역실시 확인증, 소방점검관련서류 등도 전직원이 필요할 때 볼 수 있게 정리해둔다. 관리자는 세무관련 서류와 함께 앞에서 설명한 문서를 검토하고 정리해둔다.

중소형호텔의 문서 관리에서 명심해야 할 것이 있다. 앞에서 설명한 객실점검표, 예약노트, 재고관리대장, 시설관리대장, 인수인계 노트 등을 기록하고 정리하는데 많은 시간을 들이면 안 된다. 객실점검표, 예약노트, 인수인계노트는 양식을 만들어서 모든 직원이 공통적인 내용을 간략하게 기록할 수 있게 준비한다. 재고관리, 비품 등의 서류와 시설관리 서류는 거래처에서 받은 명세서와 영수증, A/S 내역을 파일에 철해두고 날짜와 내용을 간단히 기록하는 것으로 끝낸다. 중소형호텔 직원에게 문서 작성은 주요 업무가 아니다. 문서를 작성하느라 고객응대에 소홀하지 않도록 양식을 간소화해서 꼭 필요한 내용만 기록한다.

게스트하우스는 호스트가 모든 업무를 담당하기 때문에 노트에 자기만 알아볼 수 있게 날짜별로 예약자, 숙박한 여행자 정보 등을 메모해두면 된다. 시설을 교체하거나 A/S를 받은 다음 받은 영수증과 세금계산서 등은 비용을 증빙하는 자료이므로 세무 관련 서류와 함께 철해둔다.

청소를 독촉하지 않는다

사람은 주어진 환경에 적응한다. 상황에 따라 행동이 달라진다. 배고플 때와 배부를 때 행동이 다르고 화장실 들어가기 전과 나올 때 행동도 다르다. 중소형호텔에서 프런트 직원과 객실담당 직원은 상황과 업무에 따라 다르게 행동한다. 프런트 직원은 예약을 많이 받고 객실을 판매하기 위해 노력한다. 반면, 청소담당 직원은 객실 회전률이 너무 빠르면 고객을 만족시킬 만큼 청결한 객실을 준비하기 어렵기 때문에 객실을 청소할 수 있는 최소한의 시간적인 여유를 두고 객실이 회전되길 바란다. 그렇다고 객실이 판매되는 것을 원하지 않는 게 아니다. 청소담당 직원은 청소하는 시간과 환기, 건조 시간까지 고려해서 청소 시간을 가늠한다. 청소가 완전히 끝나기 전까지 프런트 직원은 고객에게 잠시 기다려달라는 양해를 구하면서 객실담당 직원이 청소를 빨리 끝내주기를 원한다. 하지만 신속하면서 꼼꼼한 청소는 말처럼 쉽지 않다.

급하게 먹은 밥이 체하는 것과 같은 이치다. 객실담당 직원은 최대한 신속하게, 꼼꼼하게 청소하려고 하지만 절대적으로 필요한 시간을 단축할 수는 없다.

프런트 직원은 고객에게 기다려달라고 양해를 구하는 상황에서도 객실 담당 직원이 청소를 마칠 때까지 기다리는 게 바람직하다. 청소하고 객실을 정리하는 절대 시간이 있기 때문에 청소를 독촉해서는 안 된다. 청소가 진행되는 상태를 확인할 수는 있지만, 고객이 대기중이니 청소를 빨리 끝내 달라고 독촉하는 일이 잦으면 장기적으로 얻는 것 보다 잃는 게 더 많다. 프런트 직원이 청소를 독촉하면 객실담당 직원은 마음이 조급해 지고 비품을 빠트리거나 확인해야 하는 부분을 지나치게 된다. 청소를 하고 정리정돈 상태와 비품을 확인해야 완료되는데 고객이 기다리고 있다는 연락을 받으면 객실 상태 확인을 서두른다.

중소형호텔의 객실담당 직원이 청소하는 과정은 이렇다. 고객이 퇴실한 뒤에 프런트에서 청소 지시가 오면, 청소할 객실로 이동해서 창문을 열고 환기부터 시킨다. 침대와 비품 등은 새로 교체한다고 해도 객실에 냄새는 시간이 지나야 빠지기 때문이다. 욕실 바닥도 청소 후에 마른 걸레로 닦아도 일정 시간이 지나야 물기가 마른다. 특히 욕조에 물기가 남아 있으면 청소상태가 좋지 않다는 인상을 준다. 청소하는 시간을 독촉하면 청소하면서 날린 먼지가 남아 있을 수 있다. 청소를 마치면서 방향제를 뿌리지만 충분히 환기하지 않은 객실은 다음에 입실하는 고객에게 불쾌감을 준다. 청소를 마치고 객실을 점검할 때도 고객이 대기중이라는 연락을 받으면 꼼꼼하게 둘러보기 어렵다.

식당에서 고객이 주문한 음식을 빨리 제공하는 것은 중요하다. 단, 제대로 만든 음식을 제공해야 맛집으로 고객의 기억에 오래 남는다. 장기적으로 중소형호텔을 경영하려면 기본에 충실해야 한다. 무엇보다 깨끗한 객실을 고객에게 제공하는 것을 최우선적으로 신경 써야 한다. 매출을 조금 더 늘리려고 객실 회전을 빨리 하려다가 고객에게 나쁜 인상을 심어주어서는 안 된다. '빨리 가려면 혼자가고 멀리 가려면 함께 가라'는 말처럼 전 직원이 고객 만족을 위해 협력해야 한다.

고객 서비스 교육은 반드시 해야 한다

관광호텔에서 친절한 응대는 필수다. 중소형호텔은 어떨까? 중소형호텔 프런트 직원 중에는 친절한 응대에 둔감한 사람도 있다. 과거에 모텔에서 일하던 사람은 "프런트는 돈 받는 곳"으로 단순하게 생각한다. 경영자가 이런 생각을 갖고 있으면 친절한 고객 응대에 신경 쓰지 않는다. 중소형호텔에서 친절한 응대를 달가워하지 않는 고객도 있다. 하지만 과거와 다르게 친절한 고객 응대는 중소형호텔에서 반드시 갖춰야 하는 서비스 항목이 되었다. 친절한 응대는 고객의 폭을 넓히는 기회가 된다. 같은 상권에 경쟁 관계의 중소형호텔이 여러 곳이라면 고객은 친절에 신경을 쓰지 않는 곳보다 친절한 곳을 찾아갈 것이다. 친절하게 응대하고 고객을 배려하는 중소형호텔은 고객의 기억에 남는다.

경영자는 중소형호텔에 적합한 고객 응대와 서비스 교육을 직원들에게 정기적으로 실시해야 한다. 다음은 서울 소재 호텔에서 직원을 대상으로 서비스 교육을 실시한 서비스 교육 업체의 글이다.

"서울 상암동에 위치한 특급 S호텔은 몇 해 전 그랜드 오픈을 앞두고 직원들이 협동해서 여러 가지 행사를 준비했다. 오픈 준비로 바쁜 와중에도 S호텔에서는 직원 서비스 교육을 빠트리지 않았다. 간부와 총지배인이 모두 참석해서 40여 명의 직원이 서비스 교육에 참여하였다. 호텔에서 가장 중요한 교육이 고객 서비스이기 때문이다. 특급 호텔에서는 당연하게 진행되는 서비스 교육이 중소형호텔에서는 생략되는 경우가 많다."

출처 : W 서비스 교육센터 카페

숙박앱 야놀자에 등록된 고객 이용후기를 참고하면 프런트 직원이 친절하게 응대해서 기분 좋게 객실을 이용했다는 내용이 있다. 반면, 프런트 직원의 성의 없는 응대 때문에 불쾌했다는 후기도 있다.

중소형호텔의 적합한 친절은 어느 정도인지 이야기 하기 전에 호텔 직원의 친절이 고객 재방문율에 영향을 준다는 사실은 어렵지 않게 알 수 있다. 이것이 중소형호텔에서 반드시 고객 응대 교육과 서비스 교육을 실시해야 하는 이유다. 중소형호텔은 직원 수가 많지 않다. 규모가 큰 중소형호텔은 전문 강사를 초빙해서 서비스 교육을 실시하지만 규모가 작은 중소형호텔은 관리자가 직접 서비스 교육을 실시하거나 외부 기관에서 교육을 받는다.

중소형호텔의 고객서비스 교육은 두 가지를 고려해야 한다. 첫 번째는 우리 중소형호텔을 찾는 고객층에 맞는 고객서비스 교육이다. 호텔의 입지나 컨셉에 따라 주 고객층이 다르다. 호텔마다 주로 찾는 고객 연령층은 다르다. 어떤 곳은 40대 이상의 중년층, 또 어떤 곳은 20~30대 초반의 젊은층이 주로 찾는다. 주로 찾는 고객층에 적합한 고객 응대와 서비스 교육이 필요하다. 경영자·관리자는 호텔을 주로 찾는 고객층 성향을 파악하고 있을 것이다. 그에 맞는 적합한 교육 프로그램을 설계하면 된다.
두 번째는 고객서비스 교육대상은 전 직원이어야 한다는 점이다. 고객서비스 교육은 프런트 직원만 대상으로 하는 것이 일반적이다. 하지만 교육은 전 직원을 대상으로 해야 한다. 단순하게 생각하면 프런트에서만 고객을 응대해야 하는 것 같지만 실제로는 그렇지 않다. 고객이 호텔 입구에 들어서는 순간부터 얼마든지 직원과 마주칠 수 있다.

고객의 입장에서 생각해 보면, 모든 직원이 고객서비스 교육을 받아야 하는 이유를 이해할 수 있다. 고객이 엘리베이터에서 내려서 객실로 이동하는 복도에서 두세 명의 객실담당 직원과 마주친다면 기분이 어떨까?

유쾌하지는 않을 것이다. 객실담당 또는 시설관리 직원도 고객응대와 행동지침에 관한 교육을 받아야 한다. 고객이 객실로 이동 중이라면 빈객실이나 린넨실에 잠시 머물러 있다가 고객이 객실로 들어간 후에 이동한다. 어쩔 수 없이 복도에서 마주쳤다면 시선은 피한 채로 가볍게 목례를 하며 지나간다.

고객이 불편하지 않도록 하는 서비스 교육은 전 직원에게 실시한다. 이 두 가지 사항을 고려해서 서비스 교육을 실시한다면 모든 부서 직원이 고객을 응대하는 데 어려움이 없을 것이다.

5
chapter

중소형호텔을
효과적으로 홍보하는 방법

중소형호텔에 스토리를 만든다

스토리가 사람의 마음을 움직인다. 스토리가 대중에게 공감을 불러일으켜서 홍보에 도움을 주는 사례가 많다. 정글에서 생존하는 프로그램에 출연하는 김병만은 《꿈이 있는 거북이는 지치지 않습니다》에 개그맨 시험을 보았던 스토리를 공개했다. 그는 MBC 공채 개그맨 시험에 4번, KBS에 3번을 떨어졌고 여러 대학의 방송연예 관련 학과에 지원했지만 모두 떨어졌다. 이런 어려움과 실패에도 포기하지 않고 당당하게 대한민국 개그맨으로 성공했다. 그가 어려움을 겪었던 지난날의 스토리는 많은 사람에게 감동을 주었다. 실패와 좌절을 딛고 성공을 이룬 사람의 스토리를 접한 사람은 그 주인공을 높게 평가한다.

친절한 고객응대 덕분에 유명한 호텔의 주인이 된 스토리가 있다.

비바람이 몰아치는 늦은 밤, 미국의 한 지방 호텔에 노부부가 찾아왔다. 노부부는 "예약을 못했는데 혹시 방이 있습니까?"라고 물었다. 프런트의 호텔 직원은 "잠시만 기다리세요"라고 대답하고 빈 방이 있는지 확인했다. 빈 방은 없었다. 밖에는 비바람이 몰아치고 있어서 노부부를 그냥 돌려보낼 수는 없었다. 직원은 주변의 호텔에 연락해서 빈 방이 있는지 물어보았지만 주변의 호텔에도 빈 방은 없었다. 직원은 노부부에게 이렇게 말했다. "죄송합니다만 빈 객실이 없습니다. 밖에는 비가 많이 오고 밤도 늦어서 다른 지역으로 이동하기 어렵습니다. 그래서 다른 호텔을 이용하시라고 말씀드릴 수가 없군요. 괜찮으시면 제가 사용하는 방에서 하루 밤 지내시는 건 어떠신가요?"

노부부는 직원이 사용하는 방에서 밤을 보냈다. 다음날 호텔을 나서면서 객실료의 3배를 지불했지만, 직원이 사용하는 방은 객실이 아니기 때문에 객실료를 받을 수 없다며 객실료를 받지 않았다. 자기 방을 내준 직원은 정중한 인사와 함께 노부부를 배웅했다. 2년 후, 비바람이 치던 밤에 방문했던 노신사가 뉴욕행 왕복 비행기 표와 함께 자신을 찾아와 달라는 편지를 보내왔다. 직원은 비행기 표를 받고 뉴욕으로 가서 노신사를 만났다. 노신사는 그에게 뉴욕 중심가에 대리석으로 만들어진 궁전 같은 호텔을 가리키며 말했다.

"당신을 위해 이 호텔을 지었습니다."

노신사는 호텔을 경영해 달라고 했다. 노신사는 백만장자인 윌리엄 월도프 애스터이고 호텔 직원은 월도프 아스토리아호텔 체인을 만든 조지 볼트이다. 진심 어린 배려와 친절 덕분에 지방 호텔에서 일하던 조지 볼트는 미국의 고급 호텔 중 하나인 월도프 아스토리아 호텔의 초대 경영자가 됐다.

호텔에 얽힌 또 다른 스토리가 있다. 세계적인 호텔 왕 콘래드 힐튼 스토리는 여러 가지다. 그중 유명한 일화를 소개한다. 콘래드 힐튼은 벨보이 시절부터 밤마다 자신이 나중에 경영할 호텔의 설계도를 그렸다. 당시 그런 그를 보고 주변 사람들은 비웃었다. 하지만 그는 역경을 딛고 자신의 꿈을 현실로 이뤄 세계적인 호텔왕이 되었다. 콘래드 힐튼의 스토리를 아는 사람이라면 힐튼호텔을 찾을 때 그의 스토리를 떠올릴 것이다.

대한민국 숙박업계에도 대단한 스토리로 유명해진 기업이 있다. 바로 야놀자다. 숙박업계에서 야놀자 이수진 대표는 입지전적 인물이다. 가장 낮은 곳에서 시작해서 현재의 야놀자를 만든 사람이다. 그가 재벌3세였다면 야놀자의 성공은 당연할지도 모른다. 이수진 대표는 모텔 청소를 담당하는 직원이었다. 모텔에서 청소 일을 하던 그는 대학 후배인 공동 창업자와 손을 잡고 야놀자를 창업해서 야놀자를 만들었다. 실패와 성장을 반복하며 꾸준한 성장세를 이어가고 있다. 이수진 대표의 성공 스토리는 2015년 이수진 대표의 저서 《리스타트》에 소개된 이후에 많은 사람에게 회자되고 있다.

스토리는 사람들의 기억에 오래 남는다. 입에서 입으로 전해지는 스토리는 큰 홍보 효과를 가지고 있다. 중소형호텔도 예외는 아니다. 예를 들면, 호텔 이름에 얽힌 스토리를 세상에 알려서 홍보하는 방법이 있다. 서울 강북구에 '4월2일'이라는 이름의 중소형호텔이 있다. 호텔 이름만으로 '4월2일이 특별한 의미가 있는 날인가?', '왜 365일 중에 4월2일을 호텔 이름으로 정했을까?' 호텔 이름만 보고도 스토리가 궁금하다. 한 번 들으면 잊히지 않는 이름이다.

스탠포드 대학교 경영대학원 교수 Jennifer Aaker에 따르면 단순한 사실을 나열하는 것보다 스토리가 함께 담긴 정보를 접했을 때 최대 22배 더 기억에 남는다고 한다. 스토리는 감성을 자극하는 힘이 있다. 같은 지역에 비슷한 호텔이라면 고객은 스토리가 있는 호텔을 기억하고 선택할 것이다.

포털사이트를 활용한 호텔 홍보

춘추전국시대 수많은 전쟁의 기록에서 승리한 장수들의 전략에는 공통점이 있다. 승리한 장수들은 싸움터를 미리 정하고 기다리는 경우가 많았다. 이들은 지형이나 환경을 최대한 활용해 싸웠다. 주어진 환경을 최대한 활용하면, 적에게 없는, 적이 가질 수 없는 이점을 얻어 전장에서 우위에 설 수 있다. 적에게 없는 무기가 있으면 전쟁의 승률은 높아진다.

중소형호텔도 환경을 최대한 활용해야 한다. 숙박업에 종사하는 사람들이 공통으로 하는 고민은 '어떻게 하면 고객에게 우리 숙박업소를 알릴까'이다. 고객에게 숙박업소를 알리는 데 큰 비중을 차지하는 방법은 인터넷 포털사이트다. 포털사이트에서 홍보하려면 적지 않은 홍보비를 투자해야 한다. 대대적으로 홍보해야 눈에 보이는 성과가 나온다. 하지만 큰 비용을 투자하지 않고도 고객을 확보하는 방법이 있다.

중소형호텔은 단기적 홍보보다 '포털사이트 이미지메이킹'처럼 꾸준히 홍보해야 한다. 중소형호텔 정보를 포털사이트에 등록하는 것이 홍보의 시작이다.

우선 포털사이트 기업정보에 중소형호텔의 위치와 기본 정보를 등록한다. 정보는 짧게 한 눈에 보이게 구성한다. 기업 간 거래(B2B)가 주를 이루는 경우라면 포털사이트 노출이 큰 의미 없을지도 모른다. 하지만 중소형 호텔은 고객에게 직접 홍보해야 한다. 고객이 주로 검색하는 포털사이트에 정보를 등록하는 것이 매우 중요하다. 포털사이트에서 검색한 후에 기업정보 '자세히 보기'를 클릭하면 내용이 비어있는 회사가 적지 않다. 중소형호텔은 고객이 포털사이트 검색으로 숙박업소를 클릭했을 때 객실 사진이나 등급, 이용가격, 위치정보, 이용후기 등의 정보를 확인할 수 있게 내용을 입력한다. 이것은 방문여부를 결정하는데 중요한 역할을 한다.

네이버(naver.com), 다음(daum.net) 등의 포털사이트는 기업정보에 사진이나 이미지, 숙박요금정보를 등록을 하도록 만들어놓았고 기업정보 등록은 무료다. 포털사이트 기업정보는 스미트폰의 숙빅앱 홍보와 경로가 다르다. 경로가 다르면 사용자도 다르다. 따라서 새로운 고객에게 호텔을 홍보할 수 있다. 포털사이트 키워드도 자연스럽게 홍보된다. 포털사이트에 '강남역 호텔'이나 '강남역 모텔'을 검색하면 지역 검색결과에 나타난다. 포털사이트 검색 상위에 노출하려면 홍보비가 든다. 홍보비를 투자하는 것은 선택사항이고 기업정보 입력은 필수사항이다.

게스트하우스도 포털사이트 이미지메이킹은 필수적으로 해야 한다. 게스트하우스는 고객이 많이 찾는 관광지에 많다. 관광지를 검색할 때 주로 사용하는 키워드와 연결해서 게스트하우스 키워드를 만든다. 게스트하우스 기업정보를 클릭했을 때, 최대한 많은 정보가 노출되도록 업데이트 한다. '경복궁 게스트하우스', '궁궐 옆 게스트하우스', '제주도 게스트하우스', '한라산 뷰 게스트하우스'처럼 여행지를 검색하면 검색 결과에 게스트하우스가 상위에 노출되도록 키워드를 만든다.

게스트하우스는 중소형호텔과 비교해서 소규모로 운영된다. 규모가 크지 않아서 사람들이 많이 검색하는 키워드를 확보할 정도로 광고비를 지출하기 어렵다. 기업정보를 등록할 때 자세한 설명과 객실 사진, 거실 사진, 숙박요금표 등 고객이 원하는 정보 위주로 등록한다. 포털사이트 키워드에 홍보비를 투자하지 않아도 블로그나 카페를 운영하는 호스트라면 블로그 포스팅 태그에 연관 검색어로 게스트하우스를 노출할 수 있다. 블로그 포스팅에 주소, 지도 상 위치를 표시하면 홍보 효과는 커진다.

파워블로거를 활용한 바이럴 마케팅

블로그 마케팅은 바이럴 마케팅에 포함되며 효과가 입증된 마케팅 방법이다. 바이럴 마케팅은 블로그나 온라인카페, 커뮤니티 등을 통해서 자발적으로 컨텐츠를 등록해서 인터넷 사용자들에게 정보를 제공하여 기업과 서비스 인지도를 높여서 구매 욕구를 자극하는 방법이다. 이런 종류를 입소문 마케팅이라고 한다.

바이럴 마케팅은 우리 사회에 곳곳에서 볼 수 있다. 블로그에 올라온 맛집 컨텐츠는 대표적인 바이럴 마케팅이다. 음식을 먹고 만족한 고객이 자기의 블로그에 포스팅을 하면 연결된 이웃과 이웃의 이웃을 거치며 많은 사람들이 컨텐츠를 공유한다. 이 과정에서 맛집에 대한 정보가 확산되고 입소문이 나면 더 많은 고객이 찾아온다. 맛집 외에도 커피전문점, 옷가게, 인터넷 쇼핑몰 등도 이와 비슷한 방법으로 마케팅한다. 포털사이트 이용자가 강남역 인근을 검색한다면 '강남역 카페' 또는 '강남역 맛집'으로 검색하기 때문에 지역을 키워드에 넣어서 홍보한다. 블로그는 콘텐츠로 인식해서 포털사이트 상위에 노출된다는 장점이 있다.

중소형호텔도 블로그를 이용해서 홍보할 수 있다. 개인이 블로그를 만들어서 포스팅을 할 수도 있고, 블로그 마케팅 업체와 계약해서 공격적으로 홍보할 수도 있다. 블로그 마케팅은 오프라인 홍보와는 또 다른 홍보 효과를 기대할 수 있다. 테마 객실이나 이벤트 객실, 파티룸이 완비된 중소형호텔이라면 객실의 특징을 부각해서 콘텐츠를 만들어서 홍보하는 것이 좋다. 마케팅 업체나 블로거에게 비용을 지불하고 마케팅을 할 경우 유의할 점이 있다.

> **대가성 표시 안한 파워블로거 적발**
>
> 일반적으로 파워블로거를 활용하는 홍보방법은 광고대행사를 통해 시작된다. 사업자가 상품·서비스에 대한 온라인 광고를 위해 광고대행사와 계약을 맺고, 광고대행사는 영향력 있는 블로거(파워블로거)를 섭외해 해당 업체의 상품이나 서비스에 대한 소개·추천 글을 블로그에 올리도록 하는 것. 광고대행사를 통해 블로거들에게 전달된 대가는 글 1건당 3만~15만 원에 달한다고 보고된다. 여기서 주의해야할 점은 2011년 개정된 '추천보증 심사지침'에는 경제적인 대가를 주고 블로그, 인터넷 카페 등에 소개·추천글을 올릴 경우 대가성 여부를 표시하도록 돼 있다는 것이다.
>
> 출처 : 메디파나뉴스, 2015.01.23.

블로그를 활용해 홍보하면 좋은 효과를 기대할 수 있다. 하지만 대가를 제공하고 홍보할 때는 그 게시글이 홍보라는 사실을 반드시 밝혀야 한다. 인플루언서의 '뒷광고'로 사회적 문제가 되는 경우가 있어서 홍보를 목적으로 만든 콘텐츠는 반드시 '홍보', '대가를 제공받아 만든 콘텐츠' 등을 표시해야 한다. 홍보용 게시글이라는 사실을 밝히지 않았다가 적발되면 처벌을 받을 수 있다.

음식을 요리할 때 필수품인 칼이 흉기가 될 수도 있는 것처럼 어떻게 활용하느냐에 따라 합법적인 홍보가 될 수도 있고, 위법이 될 수도 있다. 블로그 업체를 통해서 마케팅한다면 적법한 범위에서 최대한 많은 사람에게 노출하는 방법을 고민해야 한다.

게스트하우스도 파워블로거를 활용하면 홍보 효과를 높일 수 있다. 하지만 주의할 점도 있다. 다음은 제주도에서 '레프트핸더' 게스트하우스를 운영하는 호스트가 자신의 책에 쓴 이용후기 제안에 관한 글이다.

대표적인 제안이 게스트들을 대신해서 파워 블로거들을 이용한 '이용후기'를 올려준다는 제안이다. (중략) 물론 이런 경우는 직접 제주도까지 와서 해당 게스트하우스에서 숙박한 후에 후기를 올리는 것이 아니기 때문에 '가짜 이용 후기'가 될 수밖에 없다. 레프트핸더의 경우 단 한 번도 이런 홍보 활동을 해본 적이 없다. 하지만 실제 많은 게스트하우스들이 이 방법으로 홍보하고 있는 상황이다.

〈주인장과 꼭 닮은 게스트하우스 창업에서 운영까지〉, 류기현 저, 대숲바람, 2013., 98쪽

파워블로거를 활용해서 홍보하려면, 진짜 이용후기를 올려서 홍보해야 한다. 단지 홍보를 목적으로 구성한 포스팅이라면, 파워블로거는 게스트하우스가 어떤 곳인지 제대로 알지 못한 채 콘텐츠를 만들게 된다. 이런 콘텐츠는 정보 전달이 매끄럽지 못하고 상업적인 광고보다 못한 컨텐츠가 된다.

고객을 불러 모으는 이벤트를 기획한다

무료로 증정하는 사은품을 마다하는 고객은 없다. 마트나 백화점 할인 이벤트, 사은품 증정 이벤트 매장에는 많은 사람이 몰린다. 기업의 이벤트나 사은행사는 고객을 위해 기획된 행사라는 명분을 내세운다. 실제로 기업에서는 고객에게 특정상품을 홍보하거나 짧은 기간에 매출을 늘리려는 목적으로 이벤트를 기획한다. 처음 시장에 내놓은 상품에 대한 거부감을 없애고 친밀도를 높이기 위해 행사를 진행한다. 잘 팔리는 상품과 팔리지 않는 상품을 세트로 구성하여 저렴한 가격에 내놓거나 신상품과 판매가 부진한 상품을 소진하는 용도로도 이벤트를 활용한다. 이벤트는 고객을 모으는 방법으로 매우 강력하다.

중소형호텔에서도 이벤트를 기획한다. 숙박업에서 기획할 수 있는 이벤트는 다양하다. 일반적으로 알려진 중소형호텔 이벤트는 행운권추첨, 멤버십회원 이벤트, 이용후기 이벤트 등이다. 이런 이벤트는 평범하지만 중소형호텔이 밀집한 곳에서 유일하게 한 곳만 이벤트를 진행한다면 고객에게 어필할 수 있다.

특별한 이벤트를 기획해 남다른 아이디어로 고객에게 다가가는 중소형호텔이 있다. 대전 럭셔리온천모텔에서 진행한 이벤트 사례를 소개한다. 이 호텔은 이성에게 강하게 보이고 싶은 남성의 심리를 이용한 이벤트를 기획했다. 한 커플이 숙박업소 로비에 들어섰다. 프런트 앞에는 헬스장에 있어야 하는 운동기구가 있었다. 턱걸이를 10회, 20회 이상 하면 요금할인과 시간연장 서비스를 제공하는 이벤트였다. 남성은 '힘'을 과시할 수 있는 기회였다. 운동량이 부족한 현대인에게 운동의 기회를 준다는 명분도 있었다. 할인서비스까지 받을 수 있으니 고객 입장에서 일석삼조의 이벤트였다. 이런 신선한 이벤트를 기획하는 숙박업소는 매우 적다. 이벤트에 참여하는 고객이 많지 않아도 이벤트는 하는 게 좋다. 특히 다른 곳에서 하지 않는 이벤트는 고객의 관심을 끌기에 충분하다.

이벤드를 기획하기 선에 반느시 고려할 사항이 있다. 바로 명분이다. 갑작스런 행사나 이벤트를 하면 고객이 이렇게 생각할지 모른다. '왜 갑자기 이벤트를 하지?', '고객이 없나?', '객실이 비어있나?' 혜택을 받는 고객에게 나쁠 건 없지만 행사를 하는 이유가 있어야 한다.

모든 이벤트에는 명분이 있어야 한다. 혜택을 주는 이유를 명확하게 전달하고 이벤트를 진행해야 한다. 예를 들어, 중소형호텔이 오픈한 지 여러 해 지났다면 ○주년 기념이벤트, 리모델링을 마친 후에는 리모델링 이벤트를 진행한다. 대학가에 위치한 젊은 층이 많이 찾는 중소형호텔이라면 대학이 개강하는 시기와 시험 기간에는 일시적으로 고객이 줄어든다. 고객이 줄어드는 시점에 맞춰서 개강이나 시험기간을 명분으로 내세워서 이벤트를 기획하는 것도 좋다.

일반적으로 시즌에 맞춰서 이벤트를 기획한다. 민족이 대이동하는 명절인 설, 추석도 예외는 아니다. 명절에는 중소형호텔을 찾는 고객이 크게 줄어든다. 명절 연휴 초반에는 중소형호텔에서 고객이 찾아올 거라는 기대를 하지 않는다. 하지만 명절 기간에 이벤트를 기획하면 고객을 유치하는데 도움이 된다. 여름 휴가철에는 많은 사람이 휴양지나 관광지를 찾는다. 여행객이 많은 지역의 숙박업소는 특수를 누리지만 도심에 위치한 중소형호텔은 비수기가 될 수도 있다. 여름휴가를 겨냥해 고객의 눈길을 사로잡는 이벤트를 진행하면 비수기에도 고객이 찾도록 만들 수 있다. 파티룸이 있다면 '도심에서 즐기는 휴양과 파티' 등의 캐치프레이즈를 내걸어도 좋다. 호캉스족(바캉스 대신 호텔에서 휴가를 보내는 사람)을 겨냥한 이벤트도 좋다.

코로나19로 재택근무하는 회사가 늘어난 상황을 이벤트로 이용한 곳도 있다. 사무실이 밀집한 지역에 위치한 중소형호텔에서는 이런 이벤트를 실시했다.

"09시~18시 호텔에서 재택근무 어때?", "호텔에서 회의 어때?"

이름은 워캉스 이벤트이며, 최대 7명이 입실해서 근무할 수 있도록 객실에 대형 테이블을 놓았고 빔프로젝터와 프린터를 무료로 제공한다.

게스트하우스는 오픈 초기에 많은 사람에게 홍보해야 한다. 초기에 집중적인 홍보와 꾸준한 홍보가 필요하다. 초기 홍보는 게스트하우스를 이용한 고객이 입소문을 내서 다른 고객들이 찾아오도록 만드는 것이다. 대부분 할인 숙박 이벤트를 진행하고 입소문을 내기 위해 무료 숙박권을 제공한다.

게스트하우스에서 진행한 이벤트 사례를 소개한다. 오픈하기 전에 일주일 동안 '무료 숙박 이벤트 기간'을 정해서 무료로 숙박할 수 있는 체험 이벤트를 진행한 호스트가 쓴 글이다.

오픈 전 '고객 체험 시뮬레이션'을 해볼 것을 권한다. (중략) 이런 '무료 체험 기간'을 가지는 것은 여행자들에게 무료 숙박의 기회를 주어서 게스트하우스에 대한 좋은 이미지를 만드는 데도 목적이 있지만, 실질적인 목적은 주인장들이 게스트들을 응대하고, 시설 및 운영에 대한 부족한 점들을 알아보고 고칠 기회를 갖는 데 있다.

〈주인장과 꼭 닮은 게스트하우스 창업에서 운영까지〉, 류기현 지음, 대숲바람, 2013., 107쪽

'무료 숙박 이벤트'를 진행하면 많은 고객에게 게스트하우스의 오픈을 알리는 효과가 있다. 초기 이벤트를 통해서 호스트는 게스트를 응대하는 데 부족함은 없는지, 보완해야 할 부분들은 무엇인지 점검하는 기회로 삼는다. 게스트하우스의 입지여건과 주요 고객층이 원하는 이벤트를 진행한다면 고객만족도를 높이고 홍보효과도 기대할 수 있다.

멤버십 회원 관리는 필수다

십수년 전부터 우리나라에 커피전문점이 빠르게 증가했다. 최근에는 대형 프랜차이즈 커피전문점의 매장 수가 크게 늘었고 동네 상권과 틈새시장을 노린 작고 아담한 커피전문점 브랜드도 생겼다. 대형 매장을 갖춘 커피전문점, 테이크아웃 전문 커피전문점, 세계 여러 나라의 원두커피를 갖춰놓고 고객 취향에 맞춰서 커피를 내려주는 곳도 있다. 경쟁에서 살아남기 위해 커피전문점은 저마다 이색적인 방법을 마련해서 마케팅한다. 커피전문점의 마케팅을 살펴보면 고객을 확보하기 위해 다양한 아이디어를 엿볼 수 있다. 커피전문점에서 한 번 방문한 고객을 놓치지 않기 위해서 하는 마케팅은 '멤버십'이다. 방문횟수나 구매횟수에 따라 포인트를 적립해서 혜택을 주는 방식이다. 이런 방법은 충성고객을 확보하는 데 매우 큰 효과가 있다.

중소형호텔도 멤버십제도를 활용할 수 있다. 멤버십제도를 운영하면 주 고객층의 연령대, 성향, 패턴 등을 알 수 있다. 예를 들어, 홍길동 고객이 화요일과 목요일 저녁에 주로 방문하는 패턴이며 목요일에는 저녁 11시 전후로 방문한다는 것을 알 수 있다. 고객의 요구사항도 파악할 수 있다.

A고객은 입실할 때 수건을 추가로 더 달라고 한다. B고객은 PC가 두 대인 객실을 원하고 C고객은 조망이 좋은 객실을 선호한다. 고객이 원하는 것을 미리 알면 고객응대에 도움이 된다. 고객의 니즈를 파악했다는 것은 그만큼 고객과 가까워졌다는 의미다. 고객이 굳이 말하지 않아도 프런트 직원이 고객이 원하는 객실과 서비스를 제공한다면 단골 고객이 될 확률이 높다.

중소형호텔의 멤버십제도는 몇 가지 형태가 있다. 보통은 불특정 고객에게 포인트 카드나 쿠폰을 발급해 포인트를 적립해 주는 형태다. 일반적으로 쉽게 접근하는 멤버십이 포인트다. 정확히 말하면 회원정보가 없으니 멤버십이라 말하기 어렵지만, 숙박업 특성상 고객의 프라이버시를 지키는 멤버십의 독특한 형태로 본다.

조금 더 발전된 형태의 멤버십은 가입절차를 진행하면서 회원에게 제공하는 혜택을 사전에 알리고 최소한의 정보를 수집한다. 포인트뿐만 아니라 정보를 제공한 혜택으로 멤버십 가입에 대한 메리트를 제공한다. 마지막으로 유료로 멤버십을 모집할 수도 있다. 중소형호텔이나 게스트하우스 등의 숙박업소에서 유료로 멤버십을 모집하면 과연 누가 가입할까 생각할 수도 있다. 가입금액보다 더 큰 혜택을 제공하면 고객 입장에서 가입하지 않을 이유가 없다. 가령 멤버십을 유료로 등록하는 데 가입비가 3만 원이고 가입 시 5만 원 상당의 무료 숙박권을 제공하면 된다. 고객 입장에서 이익이다. 숙박업소 입장에서는 무료숙박 이용권을 사용할 수 있는 요일을 평일로 한정해서 객실 판매하는 기회로 활용할 수 있다. 평일에 객실을 할인 판매하는 것과 마찬가지이므로 수익 측면에서도 나쁘지 않다.

멤버십 가입에서 숙박업의 특성상 고객의 신상정보는 요구하지 않는 편이 낫다. 이름 또는 닉네임, 연령대, 연락처만 필수 입력사항으로 두고 생일과 기념일을 추가 입력사항으로 구성한다. 생일과 기념일을 입력한 고객에게는 생일과 기념일이 있는 달에 할인쿠폰을 보내준다. 이름은 본명이 아니어도 괜찮다. 이름은 회원을 확인할 수만 있으면 된다. 고객 정보 활용에 대한 동의는 필수다. 멤버십 회원의 충성도를 높이기 위해서 회원만을 대상으로 차별화된 혜택을 준비하고 엘리베이터나 1층 로비에 멤버십 혜택을 홍보한다. 방문한 횟수에 따라 사은품을 증정하거나 기념일에 특별한 서비스를 제공한다.

예를 들어, 발렌타인데이에 예쁘게 포장한 초콜릿, 화이트데이에 고급 사탕을 준비한다면 멤버십의 충성도는 더 높아진다. 멤버십 제도를 도입할 때 유의할 점이 있다. 회원과 비회원의 차이를 두어야 한다. 회원과 비회원의 차이가 없으면, 즉 회원을 상대로 차별화된 혜택이 없으면 멤버십은 의미가 없다. 멤버십은 고객에게 혜택을 주는 만큼 중소형호텔도 매출이나 홍보에 도움이 되도록 가성비 높은 멤버십 혜택을 고민해야 한다.

숙박업소 멤버십은 회원카드 디자인도 신경써야 한다. 가령 멤버십 카드에 '○○호텔'이라고 적혀있다면 어떨까? 이런 회원 카드를 지갑이나 휴대폰케이스에 넣고 다니는 사람은 없다. 고객이 거부감 없이 카드를 소지할 수 있는 디자인으로 제작한다. 요즘은 앱카드나 QR코드를 제작해서 멤버십 회원을 확인하는 곳도 있다.

게스트하우스의 고객관리는 중소형호텔과 다르다. 중소형호텔은 인근에서 활동하는 고객이 주로 방문한다. 게스트하우스는 먼 곳에서 여행을 온 고객이 머무는 경우가 많다. '게스트하우스는 주인을 닮아간다'는 말이 있다. 주인이 파티를 좋아하면 파티를 좋아하는 고객들이 게스트하우스를 찾고, 호스트가 조용하고 사색을 즐긴다면 게스트하우스에는 조용한 분위기를 즐기는 고객이 찾아온다. 다시 말해, 한 번 게스트하우스를 찾은 고객은 자기 성향이 맞다고 느낀다면 재방문할 가능성이 높아진다.

관광지의 게스트하우스는 한 번 방문한 고객이 정기적으로 방문하는 데 어려움이 있다. 멤버십 제도를 도입해서 회원을 관리하는 것도 효과가 있지만 호스트가 방문객과 가끔 연락을 취해 관리해야 한다. 물론 전화는 연락하는 사람도, 연락을 받는 사람도 부담스럽다. 한두 번 봤던 고객도 문자 메시지로 가벼운 안부 인사를 나눌 수 있다. 펜션과 게스트하우스 경영을 컨설팅하는 김성택 작가는 책에 다음과 같이 썼다.

> 내 펜션(게스트하우스)에 대해 호의적인 생각을 갖고 있는 사람과 지속적인 대화를 나누고 문자, 엽서 등을 통해 내 숙박업소를 알려야 한다. 이런 고객을 친구와 같이 대하며 사업장을 운영하면서 예를 들어 200여 명의 지인을 만들었다면 이 인원은, 지금껏 앞에서 말한 모든 광고방법을 다 합친 것보다 더 큰 힘을 발휘하게 될 것이다.
>
> 〈펜션에서 게스트하우스까지〉, 김성택 지음, 책만드는토우

게스트하우스를 방문해서 좋은 추억을 남긴 고객을 일회성으로 넘겨선 안 된다. 호스트는 게스트하우스에서 만족한 고객을 먼 곳에 사는 친구처럼 대하며 관계를 잘 유지하도록 노력한다. 이것이 게스트하우스 운영자가 멤버십을 효과적으로 활용하는 방법이다.

지식공유 서비스 댓글 관리

인터넷이 보급되기 전에 가장 영향력 있는 매체는 TV였다. 전 국민이 시청하는 TV광고의 영향력은 매우 컸다. 정보를 전달하는 매체는 TV와 신문, 책으로 제한적이었다. 과거에는 시청 가능한 채널도 많지 않아서 TV광고에 출연한 연예인은 대부분 유명해졌다. TV광고 기간에는 해당 제품의 매출이 크게 올랐다. 하지만 현재 TV광고의 영향력은 예전만 못하다. TV광고의 효과가 떨어진 자리를 검색 포털사이트와 SNS, 유튜브 등 인터넷 서비스가 매웠다. 검색 포털사이트를 통해서 유명해진 상품 콘텐츠는 인터넷과 SNS 등을 통해 기하급수적으로 확대 재생산된다. 콘텐츠가 퍼지면 일부러 마케팅하지 않아도 마케팅이 된다. 이것이 바이럴 마케팅^입^{소문 마케팅}이다.

입소문이 나도록 마케팅하는 기법도 등장했다. 기업에서 상품 정보를 전달할 마케팅 경로가 다양해졌다. 그중 하나가 지식공유 서비스다. 포털사이트의 지식공유 서비스는 마케팅 도구로 활용하기는 어려움이 있다. 지식공유 서비스에서 노골적인 광고행위는 서비스 취지에 맞지 않아서 운영자가 제재한다. 지식공유 서비스는 포털사이트 이용자의 궁금증을 해결하는 창구다. 이용자가 자유롭게 질문하고 대답할 수 있다. 이용자가 질문하면 전문가가 답변을 등록해서 지식을 공유한다.

지식공유 서비스의 가장 큰 장점은 검색결과 화면 상위에 노출된다는 것이다. 지식공유 서비스에서 광고활동은 제한하고 있지만 지식을 공유하며 자연스럽게 드러나는 홍보까지 규제하기는 어렵다. 이런 점을 이용해서 지식공유 서비스를 활용하면 전문성, 장점 등을 알리고 상품과 기업의 홍보도 가능하다.

중소형호텔도 포털사이트의 지식공유 서비스를 활용해서 홍보할 수 있다. 포털사이트 '여행' 카테고리에 등록되는 관광지와 지역, 맛집 등에 관한 질문을 활용하면 된다. 여행객이 숙소나 숙박에 관한 질문을 등록하면 호텔 인근 지역을 중심으로 답변을 등록하여 시식을 공유하여 검색결과에 노출하는 방법이다. 우선 여행객이 등록한 숙소, 숙박에 관한 질문을 검색한 다음 여행지와 맛집, 교통 정보 등을 답변글로 작성한다. 답변글의 마지막에 숙박정보를 알려주는 형식으로 호텔에 관한 정보를 노출한다.

예를 들어, 서울 종로에 있는 중소형호텔이라면, 서울 도심의 여행지를 묻는 질문에 경복궁, 경희궁, 창덕궁, 청계천과 여행지를 찾아오는 길, 사진이 잘 나오는 포토스팟 등을 안내하고 마지막에 '식사는 ○○맛집, 숙박은 서울 종로 ○○호텔을 추천합니다.'라는 문구와 함께 호텔을 한줄로 소개하는 형식으로 답변을 등록한다. 서울 종로 인근에서 여행하고 숙박할 장소를 찾을 때 지식공유 서비스에 등록된 답변글를 보고 호텔을 찾아오기도 한다.

관광지 이외에도 고객이 많이 검색하는 키워드는 맛집이다. '종로 맛집'

을 검색했을 때 중소형호텔 주변 맛집을 소개하고 마지막에 숙박하려면 ○○호텔을 추천한다는 소개로 답변을 마무리하면 된다. 지식공유 서비스에 등록된 답변은 등록일, 정확도 순으로 검색결과에 노출되므로 꾸준히 답변을 등록하는 것이 좋다. 지식공유 서비스로 중소형호텔을 홍보하면 비용을 들이지 않고 많은 사람에게 중소형호텔을 간접적으로 노출시킬 수 있다.

게스트하우스는 중소형호텔보다 포털사이트 지식공유 서비스를 더 많이 이용할 수 있다. 게스트하우스는 대부분 여행지나 휴양지 인근에 위치해서 답변글을 올릴 콘텐츠가 많고 홍보 효과도 더 좋다. 여행지, 교통, 맛집, 숙박 등의 정보를 찾는 사람이 올린 질문에 여행지 정보를 전달하는 형태로 답변을 등록한다. 중소형호텔과 마찬가지로 먼저 질문에 대한 답변을 쓰고 마지막에 숙박 정보를 전달하는 방식으로 게스트하우스의 정보를 노출한다.

고객 질문은 홍보의 기회

여행지를 결정하고 다음으로 생각하는 게 숙소다. 여행경비 중 숙박비의 비중이 커서 숙소를 신중하게 결정한다. 숙박은 어디에서 해야 할지, 숙소에서 아침식사는 제공되는지, 여행시, 관광명소와 거리는 얼마나 되는지, 어떤 부대시설이 있는지 등 여행을 떠나기에 앞서 찾아볼 게 많다.

여행지에 관해서 궁금한 점을 블로그나 홈페이지에 올리는 고객이 있다. 고객이 질문을 했는데 한참 동안 답변이 등록되지 않거나 성의 없는 답변을 등록한다면 방문을 망설이게 된다. 질문에 응답하는 호텔 담당자의 태도에 고객은 호텔의 친절도를 가늠한다. 답변한 글을 읽어보면 진심을 담은 글인지, 형식적으로 복사붙여넣기 했는지 알 수 있다. 고객 질문을 제대로 활용하면 호텔의 홍보와 고객유치에 도움이 된다. 만약, 그렇지 못할 경우 고객에게 좋지 못한 이미지를 남긴다.

고객의 질문에 관한 답변은 다음과 같이 한다. 첫 번째, 고객에게 친절한 어투로 답변한다. 당연한 말이라고 생각할 수도 있지만, 인터넷에 올라온 질문에 답변하는 게 익숙하지 않은 사람은 정보를 글로 써서 전달하는 것이 어렵다. 질문을 올린 고객이 편하게 읽고 친절하게 느끼도록 하려면 노력과 연습이 필요하다. 두 번째, 답변에 성의가 있어야 한다. 간단한 질문이라고 해서 짧게 답변을 등록하면 중소형호텔의 응대를 무미건조하게 느낄 수 있다. 질문에 대한 답변을 하기 전에 간단한 인사로 글을 시작하고 답변을 마친 후에는 마지막 인사와 한 줄 정도 호텔 소개글을 넣는다. 인사말, 답변 내용, 끝내는 인사와 짧은 호텔 소개 순서로 짜임새 있게 구성한다. 인터넷이나 유선으로 이루어지는 질문과 답변은 모두 사람 사이에 소통이다. 성의 있는 답변을 등록할 때 고객은 만족한다. 세 번째, 질문에 대한 답변 외에 부수적인 정보도 알려준다. 만약, 체크인 시간을 물으면 체크아웃 시간까지 함께 알려주고 대중 교통 정보를 알려달라고 하면 기차, 고속버스를 이용 방법과 요금과 시간표까지 안내한다. 객실에 욕조가 있는지 묻는다면 욕조 유무와 욕조의 특징과 스파 또는 월풀 이용이 가능한지도 알려준다. 고객이 질문에 대한 답변을 먼저 하고 부수적인 정보를 적는다. 지역에 관한 상세한 정보를 알려주면 여행을 계획하는 사람이 좋아할 것이다.

고객이 질문을 등록했다면, 질문을 등록하기 위해 로그인을 하는 수고로움이 있었을 것이다. 중소형호텔에서는 이런 수고에 보답하기 위해서 최대한 성의 있게 답변을 해야 한다. 중소형호텔은 이와 같은 질문답변을 홍보의 기회로 삼을 수 있다. 질문을 등록한 고객 외에도 해당 페이지를 방문한 많은 사람이 인터넷 검색을 통해 공개된 질문과 답변을 볼 수 있다. 질문한 고객과 같은 의문을 가진 고객이라면 앞서 등록한 답변으로 다른 고객의 문의도 함께 해소할 수 있다. 성의 있는 답변은 고객이 숙박 장소를 선정하는데 큰 영향을 미칠 것이다. 더 나아가 중소형호텔의 매출로 이어질 수도 있다.

시설 문의 응대 (예시)

Q. 넓은 욕조가 있나요?

<u>답변</u> **A.** 안녕하세요. 고객님. 반갑습니다.

욕조에 대한 질문을 주셨네요.

고객님들께서 많이 하는 질문 중 하나가 욕조 관련 문의입니다.

저희 H호텔은 전 객실에 스파 욕조가 설치되어 있습니다.

그리고 넓은 욕조[2인용]는 특실과 스위트룸에 설치되어 있습니다.

간혹 월풀 욕조과 스파 욕조에 대해 혼동을 일으키는 경우가 있습니다.

간단히 설명을 드리면, 월풀 욕조는 강한 수압을 이용해 신체 부위를 마사지 해주는 기능성 욕조이고, 스파 욕소는 바닥에서 공기방울을 생성시켜 신체 부위를 마사지 해주는 기능성 욕조입니다.

최근 젊은 고객님들께서 스파 욕조를 더 선호하고 있어 저희는 전 객실에 스파 욕조를 설치하였습니다.

자세한 이용문의나 예약문의는 호텔 ○○○-○○○-○○○○로 전화주시면 친절하게 안내해드리겠습니다.

감사합니다.

이용후기는 고객의 목소리

소셜커머스social commerce에서 상품을 구매하는 일은 일상이 되었다. 고객이 상품을 꼼꼼히 살펴보고 구매를 결정하기 전 마지막으로 이용후기를 본다. 얼마나 많은 사람들이 구매했는지, 구매자들의 평가가 어떤지 확인한다. 긍정적인 이용후기가 많으면 구매를 결정할 확률이 높다. 반대로 제품 사진과 실제 제품 사이에 차이가 있어서 실망했다는 후기가 많으면 구매를 망설이게 된다. 이용후기가 상품구매를 결정하는 데 큰 영향을 미치는 것이다.

TV 홈쇼핑은 고객이 직접 쓴 후기를 구매 요인으로 부각한다. 쇼핑호스트는 상품을 소개하면서 정말 좋다는 극찬을 아끼지 않는다. 상품의 특징장점을 쏟아낸다. 화면에 '마감임박'이라는 문구가 표시되면 주문량은 빠르게 늘어난다. 방송 중에 방청객에게 박수를 유도하거나 방청객이 놀라는 소리가 터져 나온다. 방송을 시청하는 고객이 구매를 고민할 즈음 직접 제품을 이용해 본 일반인이 출연해서 써보니 정말 좋다는 평가를 늘어 놓는다. 구매를 고민하던 고객은 상품의 주문하기로 결정한다. 소셜커머스, TV홈쇼핑 등 모든 구매에서 타인의 평가가 구매결정에 영향을 준다.

　많은 사람이 타인의 후기에 관심을 갖는다. 타인의 후기에 관심을 갖는 현상은 사회심리학에서 찾을 수 있다. 사회심리학 연구에 따르면, 타인의 행동을 보고 의사결정을 하는 경우가 많았다. 사용해보니 좋다는 이용후기를 접하면 나도 사야겠다는 마음이 생긴다. 필요와 욕구가 있는 상태에서 타인의 이용후기는 구매 결정을 하는 방아쇠 역할을 한다. 로버트 치알디니는 《설득의 심리학》에서 '사회적 증거의 법칙'을 소개했다. 사회적 증거의 법칙에 따르면 타인의 행동은 의사결정에 매우 큰 영향을 준다. 판매자는 고객이 남긴 이용후기를 가볍게 생각해서는 안 된다.

　중소형호텔 이용후기는 호텔을 예약하려는 고객의 의사결정에 큰 영향을 준다. 때문에 호텔 이용후기는 매우 중요하나. 고객의 이용후기는 양날의 칼이다. 객실을 이용하고 만족을 느낀 고객이 인터넷에 이용후기를 남기면 홍보가 되지만 객실에 불만이 있는 고객이 이용후기를 남기면 오히려 호텔을 예약하려던 고객이 발길을 돌리는 요인으로 작용한다. 몇 년 사이 중소형호텔의 숙박 앱 홍보가 크게 늘며 숙박 앱을 통해 찾아오는 고객이 함께 늘었다. 많은 사람이 이용하는 숙박 앱에 긍정적 이용후기가 많다면 호텔을 찾는 이유가 된다. 하지만 부정적 후기가 많으면 다른 호텔로 발을 돌리게 된다.

　중소형호텔은 고객이 올리는 이용후기를 반드시 관리해야 한다. 숙박 앱에 호텔을 등록했다면 업체정보에서 고객이 올린 모든 후기를 볼 수 있다. 고객의 이용후기는 성적표와 같다. 좋은 후기도 있고, 나쁜 후기도 있다. 재미있는 사실은 좋은 후기로 가득한 업체가 있는 반면, 나쁜 후기가 더 많은 호텔도 있다. 좋은 후기가 많은 호텔은 평점이 높고 나쁜 후기가 많은 호텔은 평점도 낮다. 두 호텔은 분명히 차이가 있다. 어떤 호텔은 후기 개수가 수천 개이고 평점도 거의 만점에 가까워서 놀랄 때가 있다. 호텔에서 어떤 노력을 했는지 겉으로는 드러나지 않지만 분명히 이용후기를 관리하는 노하우가 있는 것이다. 우리 숙박업소에 등록된 이용후기뿐만 아니라 다른 지역의 중소형호텔, 펜션 등의 이용후기를 수시로 읽어보는 것도 후기를 관리하는 데 도움이 된다. 그 이유는 고객이 숙박업소에 건의하는 사항이나 불편했던 점 등은 비슷하기 때문이다.

중소형호텔에서 고객이 느낄 수 있는 불편사항이라면 고객을 만족시키는 방향으로 개선하는 계기로 만들어야 한다. 초연결사회에서 고객은 부정적 이용후기는 사실로 받아들이고 지나치게 긍정적인 이용후기는 홍보로 받아들인다. 호텔 경영자와 직원은 나쁜 후기가 고객의 발길을 돌리는 요인이 될 수 있다는 것을 기억해야 한다.

이용후기를 관리하는 비법

이용후기의 중요성은 모두가 공감한다. 앞서 호텔을 이용한 고객의 후기가 예비 고객에게 영향을 준다는 사실을 깨달았다면 이용후기를 관리하는 방법을 고민해야 한다. 해답을 멀리서 찾을 필요는 없다.

좋은 이용후기를 받는 방법은 간단하다. 고객에게 무한 친절과 서비스를 제공하고 고객이 만족할 때까지 최선을 다하면 된다. 고객을 중심에 놓고 고객이 원하는 것을 제공하면 이용후기 게시판에는 만족한다는 후기가 넘쳐날 것이다. 시설관리, 청결, 친절은 소홀히 하고 후기만 관리한다면 좋은 후기가 등록되지 않는다. 만약 MICK[마케팅, 시설, 청결, 친절]에 최선을 다했음에도 악성후기가 등록된다면 이용후기 관리가 필요하다.

중소형호텔에서 이용후기를 관리하는 비법으로 여섯 가지를 소개한다. 여기서 소개하는 원칙을 중심으로 중소형호텔에서 상황에 맞게 응용하기 바란다.

이용후기약관 숙지

　첫 번째 이용후기 관리 비법은 '후기운영원칙' 숙지다. 이용후기 게시판에 등록되는 모든 글은 후기운영원칙에 동의한 후에 작성할 수 있다. 만약, 후기운영원칙에 위배된 내용은 블라인드나 삭제를 요청할 수 있다. 우리가 인터넷 사이트에서 회원가입 후 '사이트 이용약관'에 위배된 행동을 하면 이용제재를 받는다. 회원가입 시 사이트 이용약관에 동의를 했기 때문에 이용자는 약관을 지켜야 한다. 만약, 이용자가 등록한 이용후기가 숙박앱의 후기운영원칙에 어긋나는 내용이라면 관리자 권한으로 게시중단블라인드할 수 있다. 물론, 관리자가 마음에 들지 않는다고 무조건 게시를 중단할 수는 없다. 고객이 등록한 이용후기를 블라인드 하려면 운영원칙에 어긋나는 이유가 명확해야 한다. 게시중단은 까다롭지만 후기운영원칙을 지키지 않은 이용후기는 문제를 제기할 수 있다. 이것은 '정보통신망 이용촉진 및 정보보호 등에 관한 법률 제44조 2항 정보 삭제요청'에 의거해 관리자가 할 수 있는 조치다. 과거에 고객이용후기 비공개가 고객을 기만하는 행위라는 비난이 있었지만 당시 비공개 처리 자체가 문제가 된 것이 아니라 아무런 근거 없이 삭제하거나 비공개 처리한 것이 쟁점이었다.

　중소형호텔에서 있었던 한 사례를 소개한다.

　주말 새벽 프런트에 전화벨이 울렸다. 객실을 사용하는 고객으로부터 걸려온 전화였다. 고객은 객실 천장에서 물이 떨어진다며 급하게 직원을 호출했다. 몇 방울씩 떨어지기 시작한 물은 욕실과 객실 이곳저곳에서 줄줄 흐를 정도로 새는 양이 늘었다. 고객은 프런트 근무자에게 전화로 항의했다. 객실이 모두 판매된 상황이었기에 객실을 바꿔드릴 수 없는 상황에서 직원은 당황했다. 직원은 고객에게 거듭 사과하고 요금 환불과 함께 사과의 의미로 무료숙박 이용권을 제공했다. 객실을 변경할 수 없는 상황에서 고객도 어쩔 수 없이 호텔 직원의 제안에 따를 수밖에 없었다. 얼마 지나지 않아 해당 고객이 등록한 이용후기가 게시판에 등록되었다. 고객은 이용후기에 실제로 밤에 객실에 물이 줄줄 흘러내린 사실과 함께 고객의 심경을 그대로 썼다. 누가 읽어도 공감을 할만한 내용이었고 실제로 있었던 일이다.

실제로 일어난 일을 그대로 쓴 이용후기는 어떻게 되었을까? 얼마 지나지 않아 해당 후기는 게시중단^{블라인드}되었다. 고객이 객실을 실제 이용한 사실, 천장누수, 자다가 호텔에서 퇴실할 수밖에 없었던 상황 등 모두 사실을 기반으로 작성되었음에도 어떻게 블라인드 되었을까? 이해가 되지 않는 면이 있다. 그것은 후기운영원칙에서 답을 찾을 수 있다. 후기운영원칙에는 '전화 예약, 환불에 대한 이용후기는 블라인드 처리됩니다'라는 항목이 있다. 고객이 실제로 객실을 사용하던 중에 일어난 일을 이용후기에 써도 후기운영원칙에 위배된다면 게시를 중단할 수 있다.

이외에도 다양한 사례가 있지만 모두 나열하긴 어렵다. 후기운영원칙 전문은 숙박앱 홈페이지나 스마트폰 앱에서 볼 수 있다.

후기 단골 고객 유치, 직원 작성 금지

한 매체에 시장을 소개하면서 이런 헤드라인을 넣었다.

"'단골장사'로 불황 없는 시장. 작지만 강하다."

과연 단골 없는 장사가 있을까? 중소형호텔도 단골 고객 유치가 관건이다. 단골 고객이 많다는 말은 재방문율이 높다는 의미다. 여기서는 호텔을 자주 찾는 단골 고객이 아니라 이용후기를 자주 쓰는 고객을 말하고자 한다. '고기도 먹어 본 사람이 먹는다'는 말처럼 이용후기도 쓰는 사람만 쓴다. 1년 동안 호텔 단골고객으로 한 달에도 여러 번 방문하지만 이용후기를 한 번도 쓰지 않는 고객이 있는 반면 두세 달에 한 번 정도 방문하지만 매번 이용후기를 쓰는 고객도 있다. 이용후기 게시판을 풍성하게 채우려면 후자를 단골고객으로 유치해야 한다.

여기서 궁금한 점이 생긴다. 그렇다면 이용후기 단골고객을 알아보는 방법이 있을까? 이용후기 단골고객은 온라인에서 적극적인 활동을 하는 고객이다. 어느 고객이 후기를 남길지 알 수 없다. 하지만 이용후기를 작성한 고객을 찾으려고 노력한다면 찾는 건 어렵지 않다. 이용후기를 읽어보면 이 고객이 어떤 성향의 고객인지 알 수 있다. 이용후기 작성 기준도 강화되었다. 예전에는 아무나 이용후기를 등록했지만 이제는 그렇지 않다. 객실을 실제로 사용한 내역이 없으면 이용후기를 작성할 수 없다. 호텔의 이용후기는 바람직한 방향으로 진화하는 중이다. 이용후기를 관리하는 직원이 조금만 주의를 기울이면 고객이 작성한 글의 일부만 읽어도 어떤 고객인지 짐작할 수 있다. 후기를 올린 고객에게 특별한 선물을 제공해서 이용후기 단골고객으로 만들면 된다.

예를 들어, 호텔 프런트에서 고객에게 작은 선물을 나눠주는 행사를 진행한다. 이때 이용후기를 작성하는 고객을 위한 선물을 특별한 것으로 준비한다. 이용후기 이벤트를 별도로 기획해서 진행할 수도 있다. 호텔에서 이런 이벤트를 준비하면 후기 단골고객도 가만히 있지 않는다. 호텔에서 받은 선물을 사진으로 찍고 실제 사용 이야기까지 이용후기에 올린다. 이용후기는 다시 숙박앱에서 호텔을 찾은 사람에게 노출된다. 신규 고객도 이용후기 이벤트에 참여한다.

이런 과정이 선순환을 이루어 다양한 이용후기와 좋은 평가가 이어진다. 후기 이벤트에 참여한 고객에게 객실 업그레이드 서비스를 제공하는 것도 좋다. 긍정적인 이용후기가 줄을 이어 평일 만실을 기록하는 호텔이 있다. 이용후기는 실제로 이용한 고객이 쓰기 때문에 홍보 효과가 좋다. 홍보 효과는 신규 고객 유입과 기존 고객 유지로 이어진다.

세 번째 이용후기 관리 비법은 '직원 이용후기 작성 금지'이다. 최근에는 직원이 후기를 쓰는 사례가 많이 줄었다. 하지만 여전히 직원을 시켜서 이용후기를 작성하는 호텔 경영자가 있다. 직원이 쓰는 이용후기는 왠지 의심이 된다. 호텔 이용후기 게시판에 이상한 글이 등록되었다. 후기를 올린 아이디는 평소에 이용후기를 자주 남기는 이용후기 단골고객의 아이디였다. 내용은 '사장님, 밀린 급여와 퇴직금 빨리 주세요'라는 내용이었다. 무슨 일이 있었던 걸까? 그렇다. 이 호텔은 평소 직원에게 이용후기를 작성하라고 시켰다. 그래서 불미스러운 일로 퇴사한 직원이 나쁜 감정을 갖고 이런 글을 후기 게시판에 등록한 것이다.

숙박앱에서 호텔을 실제로 사용한 고객만 이용후기를 작성할 수 있도록 관리하고 있지만 편법은 항상 존재한다. 언 발에 오줌 누기 식으로 좋은 이용후기 몇 개를 등록하려고 고객과 소통하는 이용후기 게시판을 이용해서는 안 된다.

성의 있는 댓글을 올린다

　숙박앱에 등록된 호텔을 살펴보면 이용후기에 대응하는 유형을 다섯 가지로 나눌 수 있다. 첫 번째는 고객 소통형으로 고객과 호흡하듯 소통하는 호텔이다. 내용이 좋으면 좋은 대로 고객과 인사 나누며 친근하게 다가가고 내용이 좋지 않으면 반성하고 고쳐나가겠다는 의미의 댓글로 올린다. 두 번째는 좋은 이용후기 응답형으로 좋은 이용후기에만 감사의 댓글을 올린다. 좋지 않은 이용후기가 등록되면 모른 척하고 댓글을 달지 않는다. 대응하면 계속해서 좋지 않은 후기가 이어진다고 생각하는 호텔에서 이렇게 댓글을 올린다. 세 번째는 악성 이용후기 대응형으로 좋은 후기는 놔두고 부정적인 이용후기에만 댓글을 올린다. 고객이 문제를 제기하면 거기에 대한 해명 형태의 댓글을 등록한다. 네 번째는 단답형으로 어떤 이용후기에도 세 줄 이상 응답하지 않는다. 모든 후기에 '이용해주셔서 감사합니다. 좋은 하루 되세요.' 정도로 짧게, 형식적으로 댓글을 쓴다. 다섯 번째는 나몰라라형으로 이용후기 게시판에 어떤 글이 등록되든 신경 쓰지 않는 호텔이다.

　여러분은 고객의 이용후기에 어떻게 대응하고 있는가? 여러분이 운영하는 중소형호텔은 어디에 속하는지 한 번 살펴보기 바란다.

　다섯 가지 유형 가운데 호텔에서 가장 바람직한 유형은 무엇일까? 이용후기가 고객의 목소리라면 호텔 측 댓글은 고객의 목소리에 답하는 것이다. 다시 말해, 고객의 목소리에 응답하는 유형을 나타낸다. 바람직한 형태는 고객 소통형이다. 몇 년 전에 중소형호텔 대표와 인터뷰가 생각난다. 하루 일과를 마치고 오늘 올라온 이용후기를 확인하고 댓글을 올리며 고객과 소통의 장으로 활용하고 있었다. 댓글 내용도 일반적이지 않았다. 고객들은 비교적 자세히 이용후기를 썼고 호텔도 후기 내용과 관련해서 댓글을 올리고 고객 의견을 서비스와 시설에 반영했다. 이용후기와 댓글을 부족한 점을 보완하는 계기로 활용하여 해당 호텔의 이용후기 게시판은 대부분 긍정적인 내용의 이용후기가 많았다.

네 번째 이용후기 관리 비법은 '성의 있는 댓글'이다. 현대인은 다양한 SNS사회 관계망 서비스에 연결되어 있다. SNS를 자주 보는 사람은 자기가 쓴 게시물과 댓글에 '좋아요'가 몇 개인지, 댓글 내용은 무엇인지 수시로 확인한다. 자기가 쓴 게시물에 사람들의 반응이 없으면 실망한다. 이와 마찬가지로 고객의 입장에서 생각해보자. 내가 남긴 이용후기에 관심을 갖고 세심하게 응답하는 호텔과 무관심한 호텔이 있다면, 다음에 호텔을 이용할 때 어디로 갈까? 내 목소리에 귀 기울이는 호텔로 발길을 옮길 가능성이 높다. 진심을 담은 성의 있는 댓글은 긍정적인 후기로 또다시 이어져 게시판이 풍성해지고 실제로 고객응대와 서비스도 좋아진다.

고객 이용후기가 한 줄 혹은 두 줄로 아주 짧은 경우도 많다. 이용후기가 짧다는 이유로 호텔 측도 짧은 성의 없는 댓글을 등록해서는 안 된다. 호텔에서 등록한 댓글은 이용후기를 작성한 해당 고객뿐만 아니라 모든 고객이 읽는다. 성의 있는 댓글은 진심이 느껴지는 적당한 분량의 댓글이다. 만약, 고객이 이용후기에 스파에 관한 언급이 있다면 호텔 객실에 설치된 스파시설에 대한 설명과 함께 입욕제에 관한 설명도 함께 넣는다. 고객이 자신의 게시물을 다시 찾았을 때 성의 있는 댓글을 확인한다면 재방문 시 또다시 이용후기를 남길 가능성이 높다. 성의 있는 댓글은 단골고객을 후기단골 고객으로 변화시킬 수 있음을 기억해야 한다.

블로그 내규오픈, 후기이벤트 고객유치

다섯 번째 이용후기 관리 비법은 호텔 이용규약을 공개하는 것이다. 호텔 이용규약을 설명하기에 앞서 후기운영원칙 항목을 살펴보자. "업체 홈페이지 규정 미숙지 및 부가적인 서비스를 요구하여 작성된 게시물"은 블라인드 처리할 수 있도록 규정하고 있다. 다시 말해, 숙박업소 이용규약에 어긋난 게시물은 이용후기 등록이 어렵다. 그렇다면 호텔 측의 이용규약은 어디에서 찾을 수 있을까? 아쉽게도 대부분의 호텔은 고객이용규약이 없거나 공개하지 않는다. 호텔 이용규약이 있더라도 그것을 고객이 볼 수 있도록 공개하지 않았다면 의미가 없다. 야놀자 후기운영원칙을 적극적으로 활용하려면 호텔 이용규약이 필요하나. 만약 야놀자 후기운영원칙에 부합한 게시물이 등록되어도 호텔 이용규약에 어긋난다면 문제를 제기할 수 있다.

호텔 이용규약은 어디에 공개해야 할까? 고객이 지키는 규약이므로 모든 고객이 접근 가능한 공간에 있어야 한다. 홈페이지나 블로그처럼 온라인이 적당하다. 고객이 검색했을 때 쉽게 찾을 수 있는 공간이 좋다. 홈페이지에 공개하는 것이 가장 좋다. 홈페이지를 갖추지 못한 호텔은 블로그를 활용한다. 블로그에 호텔 이용규약을 공개할 경우 검색이 용이하고 이와 동시에 호텔을 홍보할 수 있다. 만약 호텔 인근 맛집을 블로그에 등록해 해당 포스트가 검색상위에 노출된다면 일석이조의 효과를 기대할 수 있다. 고객이 호텔 이용규약을 제대로 알고 있는지는 중요하지 않다. 대한민국 헌법을 제대로 알지 못해도 누구나 원하면 찾아서 볼 수 있는 것처럼 호텔 이용규약도 고객이 검색할 수 있는 공간에 공개하면 된다.

여섯 번째 이용후기 관리 비법은 이용후기 이벤트 진행이다. 이용후기 이벤트를 진행하면 후기가 많이 등록되고 평점이 높아진다. 이용후기 이벤트는 우리에게 익숙하다. 누구나 알고 있어서 굳이 비법이라고 말할 정도는 아니다. 하지만 이용후기 이벤트를 진행하는 호텔은 5퍼센트 미만이다. 모르는 사람이 없을 정도로 익숙한 이벤트지만 실천하는 호텔은 많지 않다. 무엇보다 우리의 경쟁자는 전국의 호텔이 아니다. 같은 상권에 위치한 호텔과 경쟁한다. 인근 호텔의 홈페이지에 접속해서 이용후기 관리 현황을 조사한다면 후기 이벤트로 어느 정도 효과를 볼 것인지 판단할 수 있다. 일반적인 이벤트 방법은 추첨을 통한 상품 전달 방식이다. 상품의 종류도 다양하다. 가장 일반적인 상품은 숙박권과 대실권이며 이 외에도 커피이용권, 문화상품권, 보조배터리, 향수 등 고객 누구나 사용할 수 있는 상품으로 준비한다.

이용후기 이벤트를 진행해서 기대할 수 있는 효과는 세 가지다. 첫째, 이용후기를 가끔 쓰는 기존 고객은 이벤트를 통해서 이용후기 단골고객으로 전환할 수 있다. 상품이 걸려 있다면 더 자주 후기를 쓸 가능성이 있다. 둘째, 이용후기를 남기지 않는 고객도 이벤트가 진행된다면 '혹시나?' 하는 생각에 이용후기를 남긴다. 이런 과정을 거쳐서 후기 게시판은 더욱 풍성해진다. 셋째, 이용후기 게시판이 긍정적인 내용이 많이 등록된다. 이용후기 작성자가 이벤트 당첨을 기대한다면 호텔의 부정적인 면보다 긍정적인 면을 부각해서 작성할 것이다. 이벤트를 진행해서 이용후기가 등록되면 고객 유치와 재방문으로 선순환한다. 호텔 입장에서 지속적으로 이익을 발생하는 구조를 만든다.

6
chapter

중소형호텔의
직원관리, 직원교육

직원에게 긍정의 마인드를 심어준다

"창문 밖을 보는 두 사람, 두 사람이 똑같은 창살을 통해서 밖을 내다본다. 한 사람은 진흙을 보고 다른 사람은 별을 본다."

프레드릭 랭브리시의 말이다. 같은 위치에서도 관점을 어디에 두느냐에 따라 생각이 극명하게 달라지는 것을 깨닫게 하는 말이다. 긍정적인 생각과 부정적인 생각의 차이와 비슷하다. 두 사람의 관점 차이는 생각의 차이다. 항상 긍정적인 사람은 어떤 일이든 긍정적으로 받아들이고 웃음으로 승화하는 반면, 부정적인 사람은 어떤 상황이든 부정적으로 불평불만을 늘어놓는다. 관점은 어린 시절부터 쌓인 생각하는 습관에서 비롯된다. 어느날 갑자기 마음 먹는다고 바뀌는 게 아니다.

한 조직에 10명의 구성원이 있다면 그 중 2명은 긍정적인 마인드를 가졌고 또 2명은 부정적인 마인드를 가졌다. 나머지 6명은 긍정적인 혹은 부정적인 사람에게 영향을 받아 긍정적이 될 수도 부정적이 될 수도 있다. 만약, 긍정적인 사람이 더 큰 영향력을 발휘한다면 나머지 6명이 긍정적인 방향으로 이끌어 조직문화 자체가 더 긍정적인 방향으로 나아갈 것이고 부정적인 사람이 더 큰 영향력을 발휘한다면 부정적인 분위기로 조직은 물든다. 긍정의 마인드를 가진 한 사람은 조직에 속한 여러 사람에게 영향을 미친다. '나 한사람 쯤이야'라는 부정적인 생각이 조직을 병들게 만든다.

중소형호텔에서 실제로 있었던 일이다. 평소에 직원 사이에 분위기 메이커 역할을 하던 직원이 회사에 불만을 품고, 몇몇 직원을 선동해서 주말에 단체로 출근하지 않는 사태가 벌어졌다. 호텔은 비상상황이었다. 급하게 인력회사에 연락해서 일할 사람을 구했지만 마땅한 사람을 구하지 못했고 결국, 객실청소가 늦어져 낮에 찾아오는 대실 고객을 돌려보냈다. 어떤 직원이든 회사에 불만을 가질 수 있지만 이렇게 과감하게 단체 행동에 나선 것은 부정적인 한 직원이 나머지 직원을 선동했기 때문이다. 이런 사태가 벌어지지 않도록 경영자는 모든 직원이 긍정적인 마인드로 근무하는 분위기를 조성해야 한다. 이런 분위기를 만드는 게 매출을 올리는 것보다 더 중요하다.

직원에게 긍정적인 마인드를 심어주는 것은 반드시 교육을 통해서만 이뤄지지 않는다. 직원은 경영자의 생각을 자기 관점에서 해석한다. 때문에 경영자·관리자의 마인드가 중요하다. 만약, 비수기에 매출이 감소한 호텔 두 곳의 관리자가 이런 말을 한다. 한 사람은 '요즘 같은 비수기에는 원래 매출 안 오르는 거야.'라고 하고 한 사람은 '남들 장사 안 되는 비수기에도 매출을 올리는 방법이 있을 거야. 조금만 더 힘내자.'라고 말한다.

두 사람은 왜 다르게 말하는 걸까? 전자는 전쟁에 나선 장수가 '이미 지고 있는 싸움이니 이길 방법이 없다'라고 생각하고 있는 것과 같다. 장수가 군사의 기세를 꺾었으니 전쟁에서 이길 리 없다. 후자는 비수기에도 긍정적인 생각을 유지한다. 이런 마인드가 직원에게 확산되도록 해야 한다. 어떤 상황에도 부정적인 마인드가 조직에 침투하게 해서는 안 된다. 직원에게 긍정적인 마인드를 심어주려면 경영자부터 긍정적으로 생각해야 한다.

업무 매뉴얼을 만든다

세계적인 패스트푸드 기업 맥도날드는 전 세계 어느 지점이나 똑같은 맛의 햄버거를 만든다. 《인생에서 중요한 건 모두 맥도날드 아르바이트에서 배웠다》를 쓴 가모가시라 요시히토는 맥도날드 매뉴얼을 책에서 소개했다. 회사의 매뉴얼이 자세하게 정리되어 있으면 한 부서의 직원이 퇴사해서 후임 직원이 그 업무를 맡더라도 큰 무리 없이 업무는 진행된다. 매뉴얼이 업무를 진행하는 과정을 알려주기 때문이다.

중소형호텔에도 매뉴얼이 필요하다. 매뉴얼이 있으면 해당 업무에 익숙하지 않은 직원이 담당하더라도 혼란이 생기지 않는다. 중소형호텔은 전문직에 비해 이직률이 높다. 보통 직장에서는 신입 직원이 입사하면 적응하는데 상당한 시간이 필요하고 직원을 교육하는 비용도 적지 않다. 하지만 신입 직원이 들어오거나 담당 업무가 바뀌었을 때, 업무 매뉴얼이 있다면 시간과 비용을 절약할 수 있다.

중소형호텔도 직원을 교육하는 비용을 줄이고 업무효율을 높이려면 매뉴얼이 필요하다. 업무 매뉴얼은 기존에 일하는 직원에게도 업무의 진행에 표준이 된다. 근무를 하다 보면, 정식으로 처리하는 절차가 정해져 있어도 사람마다 실행하는 과정과 방식이 다르다. 자기가 담당하는 업무가 아니라도 단순한 일은 직접 처리하는 사람이 있는가 하면, 담당 직원에게 일을 전달하는 사람도 있다. 매뉴얼이 정리되어 있지 않으면 직원의 업무 방식에 따라 제각각 일처리를 한다. 일을 끝낸 상태도 모두 다르다. 이런 일처리는 고객 불편으로 이어질 수도 있다.

중소형호텔에 업무 매뉴얼이 없다면 반드시 제작해야 한다. 매뉴얼은 업무별로 최대한 자세히 알아보기 쉽게 만든다. 쉬운 용어를 사용하고 사진을 첨부한다. 예를 들어, 룸메이드팀의 업무 매뉴얼에 들어가는 내용 중 베드 메이킹은 글로 설명하는 것보다 매트리스 커버나 이불 커버를 교체하는 사진으로 의미를 전달하고 설명을 짧게 덧붙인다. 비품과 슬리퍼 위치 등을 정해두고 업무 처리를 통일한다. 프런트 직원이 할 일에는 예약과 응대절차, 비상상황 시 대처요령, 해당 직원과 즉시 연락하는 방법 등을 명시한다. 신입 직원이 업무 매뉴얼을 참고하면, 교육효과는 배가 된다. 체계적으로 일하는 중소형호텔은 매뉴얼이 있다. 단순히 업무 분장과 할 일을 간단히 정리해둔 매뉴얼이라도 갖추고 있는 게 중요하다. 기존 매뉴얼에 내용을 추가하면 된다. 중소형호텔은 매뉴얼을 잘 관리해야 한다. 특히, 업무를 상세하게 정리한 매뉴얼이 유출되지 않도록 한다. 영업비밀이나 노하우가 유출될 우려가 있기 때문이다.

게스트하우스는 호스트가 거의 모든 일을 해서 업무 매뉴얼이 없는 경우가 많다. 소규모 숙박업소 특성상 여러 명의 직원이 함께 일하지 않더라도 업무 매뉴얼은 필요하다. 어떤 일을 언제, 얼마만큼 처리해야 하는지, 일과표 또는 주간 계획표 형식으로 가이드라인만이라도 정리하기 바란다. 매뉴얼은 게스트하우스를 효과적으로 운영하는데 도움을 줄 것이다.

중소형호텔에서 사용하는 외국어는 따로 있다

숙박업도 글로벌화 된지 오래다. 세계 여러 나라에서 여행을 목적으로 한국을 방문하는 외국인이 많다. 코로나19 사태로 여행객이 크게 줄었지만, 여행 산업에서 세계화는 거스를 수 없는 대세다. 한국관광공사에 따르면 우리나라를 찾는 외국인 관광객은 2012년 1,114만 명으로 처음으로 1,000만 명을 넘었고 2016년에는 1,545만 명으로 역대 최대 관관객 수를 기록했다. 중소형호텔의 프런트 직원은 외국인 고객이 방문해서 객실예약이나 숙박 문의에 당황하지 않고 응대할 수 있어야 한다.

관광객이 몰리는 서울의 동대문이나 명동, 궁궐 외에도 부산, 전주 등은 외국인이 가고 싶은 여행지로 선정된다. 우리나라 고유의 문화를 느낄 수 있는 곳이라면 어디든 외국인이 찾아올 수 있다. 중소형호텔에서는 직원 교육 프로그램에 외국어 교육을 포함시켜야 한다. 호텔에서 영어교육의 목표는 토익이나 토플시험에서 높은 점수를 받는 게 아니다. 외국인 고객을 응대하기 위한 기본적인 영어 교육만 하면 된다. 예를 들어, 외국인 고객이 방문했을 때 인사말, 예약에 관한 문의 및 응대, 숙박에 관련한 문의, 고객이 투숙하며 물어볼 수 있는 관광지 안내, 지하철 노선도에 관한 질문에 대답할 수 있을 정도면 된다. 이런 상황에 적절한 외국어 표현을 준비해서 교육한다.

여러 나라의 언어를 호텔 직원이 소화하기에는 어려움이 있다. 세계 공용어인 영어를 기본적으로 숙지하고 중국인과 일본인 관광객이 많이 찾는 지역에서는 중국어, 일본어 교육을 한다.

2016년을 기준으로 서울을 방문하는 외국인 관광객의 거주국은 중국이 50.2퍼센트로 가장 많았고, 이어 일본이 14.7퍼센트, 대만이 5.3퍼센트, 미국이 5.2퍼센트 등의 순이다. 2017 중국사드사태, 2020년 코로나19사태로 2016년 자료를 참고함 의외로 미국인 비율이 적지만 영어는 세계 공용어로 통용되므로 기본으로 교육하는 게 바람직하다. 중소형호텔에서는 우리나라를 방문하는 관광객 가운데 60퍼센트 이상이 중국인, 일본인이다. 외국인 관광객이 자국으로 돌아가 자신이 이용했던 호텔을 지인에게 소개하거나 추천하면 광고비용을 들이지 않고 국제적인 마케팅을 하는 효과도 볼 수 있다. 당장 발생하는 매출도 중요하고 외국인 고객을 대상으로 잠재된 가망 고객을 꾸준히 이끌어 내는 것도 중소형호텔의 좋은 마케팅이다.

중소형호텔에서는 외국어가 부담돼서 외국인 고객을 기피하는 현상까지 생긴다. 게스트하우스도 상황은 비슷하다. 게스트하우스를 창업한 류기현 대표는 그의 책에 다음과 같이 썼다.

게스트하우스는 외국인 손님을 받지 않는 것일까? 당연히 외국어에 대한 부담감 때문이다. 우리나라 사람들이 외국어를 못하는 이유는 대개 외국인에 대한 지나친 두려움 때문이다. 실제로 기본적인 영어회화 정도는 구사할 수 있는 나라가 우리나라이다. (중략) 대개의 필요한 대화는 반복되기 때문에 사전에 적당한 공부를 하고, 외국인에 대한 두려움만 극복한다면 그리 어려운 일이 아니다.

〈주인장과 꼭 닮은 게스트하우스 창업에서 운영까지〉, 류기현 저, 대숲바람, 2013.08.07., 138쪽

외국어 공부를 부담스러워하지 않아도 된다. 외국인이 하루 동안 반복해서 사용하는 단어가 몇 개 정도인지를 조사한 결과, 놀랍게도 200여 개에 불과했다. 200여 개의 단어를 반복하며 외국인들은 대화를 주고받는다. 기본적인 외국어 회화실력만 키우면 얼마든지 외국인 고객을 유치해서 고객의 폭을 넓히는데 어려움이 없다. 지금부터라도 직원에게 외국어 교육을 실시하기를 권한다.

외국어 교육에 필요한 간단한 자료를 첨부하니 참고하기 바란다.

중소형호텔에서 외국인 응대를 위한 영어 대화

1. 예약전화 응대

A: 안녕하세요. 21일에 예약을 하고 싶은데 예약 가능할까요?
Hello. I'd like to make a reservation for the 21th, can I make a reservation?
B: 네 예약가능합니다.
Yes, you can make a reservation, sir.

A: 체크인은 몇시부터 가능한가요? 체크아웃은 몇시인가요?
What time can I check in? What time is check out?
B: 체크인은 오후 6시부터 가능합니다. 체크아웃은 오후 1시입니다.
Check-in is available from 6 p.m. Check-out is at 1 p.m.

A: 호텔의 위치는 어디입니까?
Where is the hotel located?
B: 우리 호텔은 경복궁역 2번출구에서 걸어서 1분거리에 있습니다.
Our hotel is one minute's walk from Exit 2 of the Gyeongbokgung Subway Station.

A: 객실 요금은 얼마입니까?
How much for the room?
B: 객실 요금은 객실마다 차이가 있고, 5만원부터 15만원까지 있습니다.
Room rates vary from room to room, ranging from 50,000 won to 150,000 won.

A: 객실 예약은 어떻게 하나요?
How do I make room reservations?
B: 저희 호텔 예약방법은 아고다 같은 예약사이트를 이용하시거나, 호텔 계좌로 입금 해주시는 방법이 있습니다.
Our hotel reservation method is to use a reservation site such as Agoda or deposit it into a hotel account.

연락처를 알려주시면 저희 호텔 계좌번호를 문자로 보내드리겠습니다.
If you give me your contact number, I'll text you the account number of the hotel.

더 필요한 사항은 없습니까?
Is there anything else I can do for you?

예약날에 뵙기를 기대하겠습니다. 감사합니다.
I look forward to seeing you on the reservation day. Thank you.

2. 예약고객 응대

A: 안녕하십니까? 어느 분 성함으로 예약하셨습니까?
　　Good evening, sir. Under what name do you have a reservation?
B: 샘스미스입니다.
　　Yes, under Sam Smith.

3. 객실이 만실일 때 응대

A: 죄송합니다만, 지금 저희 객실이 만실입니다.
　　잠시만 기다려주시겠습니까?
　　성함을 남겨주시면 객실이 준비되는 대로 바로 안내하겠습니다.
　　I'm sorry but we don't have a room available right now.
　　Would you mind waiting for a little bit?
　　If you could leave your name, I'll get a room ready as soon as possible.
B: 샘스미스입니다.
　　Sam Smith.

A: 감사합니다. 최대한 빨리 준비하여 드리겠습니다.
　　Thank you. I will get a room ready as soon as possible.
B: 몇 분 정도 걸릴 것 같나요?
　　How long would the wait be?

A: 약 10분 정도면 안내해 드릴 수 있을 것 같습니다.
　　About 10 minutes, sir.

A: 스미스님, 객실이 준비되었습니다. 기다려주셔서 감사합니다. 편안한 시간되시기 바랍니다.
Mr. Smith, we have a room. Thank you for waiting. Enjoy your time.

4. 고객에게 사과할 때

A: 불편을 드려 죄송합니다. 혹시 더 필요한 것은 없습니까?
I am sorry for the inconvenience. Is there anything else you need?
B: 없어요.
No.

A: 불편을 끼쳐 드려 다시 한 번 사과드립니다.
I apologize again for the inconvenience.

5. 고객에게 객실키 보관을 물을 때

A: 객실 키를 보관해 드릴까요?
Could I take your room key?
B: 네, 고마워요.
Yes, Thank you.

A: 오실 때 객실키를 돌려드리겠습니다.
When you come I will get your room key.

직원 유니폼을 통일한다

비행기 승무원은 유니폼을 입고 고객을 응대한다. 은행 직원도 유니폼을 입는다. 중·고등학교 학생은 교복을 입는다. 교복을 입지 않는 대학생들이 MT나 학교 행사에 참여할 때 단체복을 제작해서 입거나 대학교 이름이 새겨진 옷을 입는다. 통일성과 소속감을 강조하기 위해서 똑같은 옷을 입는다. 업무 특성에 맞게 제작한 유니폼을 입으면 업무 효율이 높아진다.

중소형호텔도 마찬가지다. 직원이 단정한 유니폼을 입으면 소속감과 책임감이 높아진다. 유니폼은 고객에게 신뢰감을 준다. 계절에 따라 유니폼을 바꿔 입으면 프런트의 분위기를 밝게 만든다.

교복은 교복답게, 양복은 양복답게 입어야 한다. 유니폼도 마찬가지다. 유니폼을 입은 사람을 보면 그 사람이 업무에 임하는 자세까지 엿볼 수 있다. 깔끔하게 유니폼을 입어서 단정해 보이는 직원이 있는가 하면, 작업복을 입은 것 같은 느낌을 주는 직원도 있다. 유니폼에 대한 직원의 생각이 달라서 그럴 수도 있다. 깔끔하게 유니폼을 차려입은 직원은 보는 사람도 기분 좋게 만들지만 그렇지 못하다면 오히려 역효과를 불러올 수 있으므로 유니폼을 갖춰 입는 것과 관리하는 것도 교육이 필요하다. 회사의 얼굴인 유니폼은 직원에게 소속감을 느끼게 하고 업무 효율에도 영향을 미친다는 점을 기억하기 바란다.

중소형호텔은 특급호텔에 비해 직원 수가 많지 않다. 그래도 유니폼 제작 비용이 부담될 수 있다. 모든 직원에게 적어도 2벌씩 지급해야 하기 때문이다. 특급호텔 직원 유니폼처럼 깔끔한 정장에 넥타이를 매는 것만 생각하면 안 된다. 정장처럼 차려입는 유니폼은 업무를 처리하는 데 불편하고 관리도 어렵다. 중소형호텔은 프런트 직원이 시설관리, 객실관리를 겸하는 경우가 많아서 정장보다 캐주얼한 유니폼을 추천한다. 프런트에서 근무하는 직원은 깔끔한 셔츠와 바지면 충분하다. 프런트 직원이 정장을 입어야 한다는 것도 고정관념이다. 넥타이도 옵션이다. 룸메이드 담당자 유니폼노 신성써야 한다. 고객을 복도에서 마주치는 일도 있으니 일하기 편한 티셔츠 형태로 직원임을 한눈에 알아볼 수 있게 유티폼을 입는 것이 좋다.

유니폼에는 명찰을 부착하는 것이 바람직하다. 회사 로고가 새겨진 명찰를 패용하면 이름이 보이므로 책임감을 갖고 고객에게 서비스하게 된다. 대기업 고객 서비스센터, 은행에서는 유니폼 위에 명찰을 패용하는 것을 원칙으로 한다. 유니폼을 입으면 직원 사이에 유대감을 높일 수 있으며 기업문화를 만드는 데도 도움이 된다. 한두 번의 의무적인 착용보다 직원 스스로 유니폼을 입은 자기 모습에 자부심을 갖게 만드는 것이 중요하다.

긴급 상황에 대한 교육은 정기적으로 실시한다

중소형호텔에서는 긴급 상황이 종종 발생한다. 긴급 상황이 발생했을 때 순간적으로 오판하거나 미숙하게 대처하면 큰 사고로 이어질 수 있다. 호텔에서 발생할 수 있는 긴급 상황과 대처방법을 설명하겠다.

다음 소개하는 내용은 호텔에서 근무하는 직원 모두가 숙지해야 한다.

화재경보기 오작동

중소형호텔에서 직원과 고객 모두를 당황하게 만드는 일이 있다. 화재경보기 작동이다. 실제로 화재를 감지해서 경보기가 울렸다면, 호텔 직원은 고객에게 신속하게 화재가 났음을 알린 후 안전을 확보하면서 신속하게 피난을 유도한다. 호텔에서 근무하다보면 화재가 일어나지 않았는데 화재경보기가 오작동을 일으키는 사례가 종종 있다. 인테리어는 최신형이지만 소방설비가 노후된 건물은 화재경보기에서 화재를 감지하는 수신기 성능이 수명을 다 해서 종종 오작동을 일으킨다. 만약, 객실이 만실인 상황에서 화재경보기가 오작동한다면 어떻게 대처해야 할까? 경보기가 울리면 객실에 있는 고객도 소리에 놀란다. 화재경보가 울리고 고객이 여러 객실에서 전화가 동시에 걸려오면 프론트 직원은 당황한다.

화재경보가 울리면 호텔 직원은 화재가 발생한 위치를 먼저 파악해야 한다. 화재신호가 감지된 곳이 어디인지 파악하고 경보기가 작동한 해당 층의 CCTV를 확인하고 직접 가서 화재신호가 감지된 곳을 살펴본다.

화재경보기가 오작동했다면, 화재경보가 울린 층의 위층과 아래층도 함께 살펴본다. 실제로 화재가 발생하지 않았다면 화재경보가 오동작한 것이다. 그러면 주경보와 지구경보 스위치를 눌러서 경보를 멈추게 하고 수신기의 복구 스위치를 눌러서 화재경보기를 원래 상태로 돌려놓는다. 건물의 소방관리자에게 연락하여 화재경보기가 울렸다는 사실을 알리고 추가로 점검하여 철저히 확인한다.

실제 화재가 발생했다면 119에 화재 발생을 신고하고 고객을 대피시키는 데 총력을 기울인다. 화재가 발생한 긴급상황에서는 소방관리자의 통제하에 모든 직원이 고객의 안전한 피난을 돕는다. 화재로 인한 인명사고뿐만 아니라 피난 도중 사고가 발생하지 않도록 안내한다. 몇해 전 한 모텔의 지하 보일러실에서 화재가 발생했다. 당시에 근무 중인 직원은 화재상황을 제대로 파악하지 못한 채 소화기를 들고 보일러실로 들어갔다. 불이 났으니 끄면 된다는 생각으로 보일러실로 들어갔다. 불길은 크지 않은 상태였고 다행히 소화기로 불을 껐다. 결과적으로는 화재를 초기에 진화했지만, 이 직원은 화재 시 행동요령을 무시한 것이다. 보일러실 화재에서 위험한 것은 불이 아니라 유독가스와 폭발이다. 이런 사실을 직원은 전혀 알지 못한 채 보일러실에 들어가 소화기로 불을 껐다. 직원 혼자서 불을 껐고 인명피해도 없었지만 자칫 큰 사고로 이어질 수도 있었던 사건이다.

엘리베이터에 고객이 갇혔을 때

　중소형호텔 엘리베이터는 24시간 쉬지 않고 운행한다. 정기적으로 승강기 관리업체에서 점검하고 고장의 원인이 될만한 부분을 교체하고 수리하지만 갑작스런 정전이나 예상치 못한 상황에서 엘리베이터가 작동하지 않으면 큰 일이다. 고객이 엘리베이터에 갇히는 사고가 발생할 수도 있다. 중소형호텔에서는 이런 상황에도 대비해야 한다.

　밤늦은 시각 고객이 프런트에서 객실을 배정받아 입실하기 위해 엘리베이터에 탑승했다. 얼마 지나지 않아 프런트에서 낯선 벨소리가 울렸다. 그것은 엘리베이터의 비상통화장치 벨소리였다. 고객이 엘리베이터에 갇혀서 비상통화 장치를 누른 것이다. 프런트 직원은 이런 상황에 어떻게 대처해야 할지 몰라서 당황했다. 직원은 엘리베이터에 갇힌 고객을 먼저 구해야 한다는 생각에 119에 긴급구조요청을 연락했다. 비상통화 장치로 엘리베이터에 갇힌 고객을 안심시키고 119구조대원이 출동하여 고객을 안전하게 탈출시킨 후에 상황은 마무리되었다.

　만약, 이런 상황이 우리 호텔에서 발생한다면 어떻게 행동하는 것이 가장 현명한 방법일까? 고객을 안심시키고 큰 소란 없이 엘리베이터에 갇힌 고객을 구출하는 일이 먼저다.

　엘리베이터에 고객이 갇혔을 때 대응하는 요령은 다음과 같다. 우선 승강기안전관리자의 도움을 받아 엘리베이터 문을 열고 고객을 탈출시키는 방법이 가장 좋지만 승강기안전관리자가 건물에 24시간 상주하지 않는다. 이런 경우 엘리베이터 조작이 능숙한 사람이 아니라면 문을 강제로 여는 것은 바람직하지 않다. 더 큰 사고로 이어질 수 있기 때문이다. 이런 상황이 발생했다면 승강기관리업체에 연락해서 도움을 받을 수 있다. 승강기 관리업체는 사고에 대비하여 24시간 비상대기 직원이 근무한다. 동시다발적으로 엘리베이터사고가 발생하지 않는다면 즉시 출동해서 대응한다. 승강기 관리업체의 비상대기 직원이 다른 곳에 출동했다면 고객이 갇혀있는 시간이 길어질 수 있으니 다른 방법을 찾아야 한다. 이때는 119구조대에 도움을 요청한다.

　엘리베이터에 갇히는 사고는 드물지만 119 구조대원은 자주 처리하는 사고 가운데 하나다. 119구조대는 신속하게 출동해서 고객이 탈출하도록 도와준다. 하지만 119 구조차량이 도착할 때 사이렌 소리 때문에 호텔에 머무는 고객을 놀라게 할 수 있다. 호텔에서는 이런 점을 고려하여 도움을 요청한다. 가장 좋은 방법은 이런 사고가 발생하기 전에 매뉴얼을 만들어 사고가 발생하더라도 당황하지 않고 사고를 처리하는 것이다.

　정전으로 인해 고객이 엘리베이터에 갇혀도 갑자기 추락하거나 질식하는 사고는 일어나지 않는다. 정전 시에 엘리베이터에 갇힌 고객을 구하기 위해 무리하게 엘리베이터 문을 열다가 2차 사고가 발생할 수도 있으니 고객을 안심시킨 후에 승강기관리업체 또는 119에 구조를 요청하여 사고를 처리한다.

전 직원이 절약을 실천한다

모든 조직에는 고유의 문화가 있다. 일하는 문화, 소통하는 문화, 휴게실 문화, 회식하는 문화 등은 조직마다 다르다. 조직의 문화는 선도하는 사람과 이에 순응하는 사람에 의해 만들어진다. 문화를 선도하는 경영자와 관리자가 긍정적인 방향으로 조직을 이끌 때, 직원도 자연스럽게 긍정적인 마인드가 생긴다. 중소형호텔은 고객을 응대하는 곳이므로 어떤 상황에서든지 긍정적으로 받아들이는 조직 문화를 만들어야 한다.

수익을 창출하기 위한 목적으로 중소형호텔을 설립한다. 매출을 극대화하고 지출을 줄이는 문화를 만들어야 수익을 극대화할 수 있다. 중소형호텔에서 조직 문화를 선도하는 사람은 누구일까? 바로 중소형호텔의 경영자와 관리자다. 관리자가 솔선수범하여 비용을 최소화하기 위해 노력할 때 직원도 절약에 동참한다.

호텔에서 절약할 수 있는 것, 낭비를 막는 방법은 무엇일까? 호텔에서 고객이 사용하는 소모품은 대부분 1회용품이다. 고객이 사용하는 1회용품은 서비스로 제공된다. 반면, 직원이 사용하는 1회용품은 낭비되는 품목이다. 예를 들어, 직원이 식사를 하고 자신의 치약과 칫솔로 양치하는 것이 아니라 매번 고객에게 제공되는 1회용 칫솔을 사용한다면 이것은 낭비다. 만약, 1회용 칫솔이 비품 박스에 가득 들어 있다고 해도 모든 직원이 고객용 1회용 칫솔을 사용한다면 그 비용은 상당할 것이다. 모든 직원이 고객용 1회용 칫솔을 아무렇지 않게 사용하고 버리는 문화가 형성되었다면, 다른 비품도 이렇게 소비될 것이다.

이런 문화에서는 절약을 강조해도 소용없다. 1회용품에는 칫솔, 면도기, 치약, 클렌징 폼 등이 있다. 한두 명의 직원이 객실용 비품 사용을 가볍게 생각하면, 전 직원에게 낭비하는 습관이 빠르게 퍼진다. 1회용품을 많이 쓰는 호텔에서 모든 직원은 절약하는 습관을 들여야 한다.

객실 청소와 정리를 담당하는 직원은 매일 많은 양의 쓰레기를 버리는데 이때 쓰레기봉투를 대충 채워서 버리면 쓰레기 봉투 구입하는데 드는 비용만 한 달에 수십만 원 이상이 들기도 한다. 쓰레기봉투는 정량을 담을 수 있게 제작되어 있다. 재활용 쓰레기를 분류하고 쓰레기봉투에 눌러 담는 습관을 들이면 쓰레기봉투 구입에 드는 비용을 줄일 수 있다. 재활용 쓰레기를 정리하고 쓰레기봉투에 담는 방법에 따라서 절약된다는 것은 경험해 본 사람만 안다. 한 달만 실천해보기 바란다. 쓰레기봉투 구입비가 줄어들면 절약하기 위해 노력한 직원에게 보상하고 전 직원이 절약하는 습관을 들이도록 문화를 만든다. 쓰레기봉투 외에도 업무에 필요한 물품을 구매하거나 객실용 비품을 구입할 때도 절약정신을 발휘한다. 반드시 필요한 물건이라면 합리적인 가격으로 구매하고 그렇지 않다면 지출을 줄이는 방법을 고민한다.

박성준 소장의 《목욕탕에서 만난 백만장자의 부자이야기》에 기억나는 에피소드가 있다. 백만장자가 목욕탕 샤워기 앞에서 샤워하는 사람 중에 누가 부자이고 가난한 사람인지 가려낼 수 있는지 묻는다. 어리둥절하고 황당하기 그지없는 질문이다. 목욕탕에서 벌거벗은 사람을 보고 부자와 가난한 사람을 가려내는 것은 그냥 찍는 것이나 마찬가지다. 이 책의 요지는 부자는 항상 부자 되는 습관이 몸에 배어 절약이 생활화되어 있어서 샤워하는 모습만 봐도 알 수 있다는 것이다. 물을 사용하지 않을 때도 펑펑 틀어놓고 씻는 사람이 있는 반면, 사용하지 않을 때 물을 잠그는 습관이 몸에 밴 사람도 있다. 돈을 버는 것만큼 쓰는 것도 중요하다. 수입이 많아도 지출이 수입보다 많으면 돈을 벌 수 없다. 중소형호텔도 마찬가지다. 모든 직원이 절약을 실천할 때 더욱 내실 있는 운영이 가능하다.

게스트하우스는 소규모 숙박시설인 만큼 아낄 수 있는 비품이나 1회용품은 최대한 아끼도록 노력한다. 호스트 혼자서 운영하는 게스트하우스는 호스트가 절약하는 모습을 고객에게 보여주는 게 좋다. 호스트가 물품을 아끼면서 항상 정돈된 상태를 유지하면 고객도 비품을 낭비하지 않도록 노력하게 된다. 단, 절약을 실천한다는 이유로 궁색한 모습을 보여서는 안 된다.

직원에게 맛있는 식사와 간식을 제공한다

'금강산도 식후경'이라는 말이 있다. 배고플 때는 일할 의욕이 사라진다. 일이 많아서 일찍 출근하느라 아침을 거르고 점심도 대충 때우고 사무실에서 일만 하는 직장인이 있다면, 아마도 업무 능률이 높지 않을 것이다. 역사책에는 전쟁에 나가는 군대에 식량이 부족할 때는 전쟁에 출전하지 않는 것이 상책이라고 쓰여 있다. 식량 지원 없이는 병사가 제대로 힘을 쓸 수 없기 때문이다.

호텔 직원도 식사를 든든히 해야 한다. 프런트 직원, 룸메이드 직원, 시설 관리 직원 모두 육체적으로 정신적으로 피곤하다. 특히 객실을 청소하고 정리하는 룸메이드 직원의 식사는 특별히 신경써야 한다. 사무실에 앉아서 일하는 직종과 비교하면 호텔 직원의 에너지 소모는 상당히 크다. 경영자가 직원의 현실을 이해하지 못하고 비용을 줄인다는 명목으로 직원의 식사를 부실하게 제공한다면 그 여파가 엉뚱한 곳에서 나타난다. 실제로 호텔 직원 커뮤니티에는 식사가 부실하다는 불만이 적지 않게 올라온다.

호텔은 고객이 수시로 드나든다. 정신없이 바쁠 때도 있고 비교적 한가할 때도 있다. 특히 고객이 많은 금요일이나 주말에는 점심과 저녁 식사

사이에 간식을 제공할 것을 권한다. 복리후생이랄 게 없는 중소형호텔에서 정성을 담은 식사와 간식, 휴식 시간은 필수다. 호텔에서 직원에게 제공하는 간식은 샌드위치나 떡처럼 음식 냄새가 나지 않는 메뉴가 좋다. 간식을 제공하더라도 비용은 크게 늘어나지 않는다. 간식비가 걱정된다면 다른 곳에서 절약하면 된다. 정성을 들여서 양질의 식사와 간식을 제공하면 직원은 열심히 일하고 고객 서비스도 틀림없이 향상된다.

chapter 7

시설관리 노하우

시설 정비 시 반드시 호텔직원이 보조한다

중소형호텔은 고객이 요금을 지불하고 객실을 이용하는 곳이다. 객실의 시설과 장치를 사용하는 것도 요금에 포함되어 있다. 고객은 요금을 지불하고 일정 시간 동안 객실과 객실의 시설을 이용한다. 일부 고객들은 일시적으로 내 것이 된 시설을 내 것이 아니라는 이유로 객실과 시설을 험하게 사용한다.

중소형호텔 객실에 설치한 시설은 수명이 그리 길지 않다. 에어컨과 TV, 욕조, 드라이기, 리모컨 등은 보통 가정에서 사용하는 기간과 비교해서 수명이 매우 짧다. 중소형호텔에 설치한 시설은 수시로 점검하고 정기적으로 정비해야 한다. 시설에 따라서 교체 또는 정비하기 위해 크고 작은 공사를 할 때도 있다. 2년에 한 번 모든 객실의 인테리어를 바꾸는 호텔도 있다. 고장 나거나 정비가 필요한 시설만 교체하고 필요한 경우에 한해서 객실 몇 개만 리모델링하는 호텔도 있다. 중소형호텔에서 시설 정비는 필수다. 정기적으로 시설을 교체하지 않으면 고객 불만이 늘어나고 매출에도 나쁜 영향을 준다.

중소형호텔에서 특별한 시설을 점검하거나 정비할 때, 시설 전문가에게 요청해서 문제점을 파악하고 교체할 시설을 체크한다. 시설 전문가는 점검 후 정비하는 데 필요한 시간과 비용을 산출한다. 중소형호텔 경영자는 이때 현명하게 판단해야 한다. 시설 전문가가 호텔 시설을 정비할 때는 호텔 직원이 동행하도록 하는 것이 좋다. 시설을 담당하는 직원이나 기계를 잘 다루는 직원이 동행하며 정비 과정에 함께하는 것이다. 만약 욕실에서 배수관이 막혔다면 어떤 이유로 배수관이 막혔는지, 어디를 어떻게 수리하는지, 수리에 필요한 도구, 수리 시간은 얼마나 걸리는지 전문가와 함께 정비하며 알아가는 것이다. 전문가와 함께 시설을 정비하면 많은 것을 배운다.

"전문가에게 비용을 주고 맡기는데 호텔의 인력까지 동원할 필요가 있나?"라고 질문하는 관리자가 있다. 하지만 직원이 함께 따라다니며 시설을 점검하고 배우면, 간단한 고장은 직접 수리할 수 있는 요령을 배울 수 있다. 나중에 비슷한 문제가 발생했을 때 전문가를 부르지 않고도 해결할 수 있다.

시설이 어디가 어떻게 고장났는지 직원이 알고 있으면 효율적인 시설관리가 가능해진다. 배수구가 막히거나 전기 시설에 이상이 있을 때 부품 몇 가지만 교체하면 수리가 끝나는 경우가 있다. 간단한 작업이 필요한 경우에는 직원이 먼저 확인하고 어디가 문제인지 파악하여 신속하게 처리할 수 있다. 부품을 간단히 교체해서 해결된다면 직원이 직접 교체하거나 큰 고장이 나기 전에 시설을 보수할 수 있다. 직접 처리할 수 있는 일도 시설 전문가에게 요청하면 방문 일정에 맞춰서 객실을 비워야 하고 출장비와 수리비, 인건비 등 직간접적인 지출과 기회 비용이 늘어난다. 호텔 직원이 책임감을 갖고 일한다면 호텔은 시설관리 비용을 절감할 수 있어서 경영에도 큰 도움이 된다.

중소형호텔의 시설을 정비하다 보면 전문가는 간단하게 처리하는 일이지만 초보자에게는 어려운 경우가 있다. 예를 들어, 배수관에 칫솔이나 비누가 들어가서 막혔을 때는 바닥을 뜯고 배수관을 교체해야 한다고 생각하는 사람들이 많다. 하지만 전문가는 배수관이 이어지는 곳에 설치된 소제구^{배수관의 막힘 등으로 점검과 청소를 하기 위해 관의 곡부와 분기 장소에 설치하는 구멍}를 열어서 칫솔이나 비누 등 이물질을 제거한 후 소제구를 닫고 물을 흘려서 통수 시험을 하고 이상 없으면 보수를 마무리한다. 이런 일에 능숙하지 못한 사람은 바닥을 뜯어내고 공사할 생각부터 한다. 객실에 설치된 환풍기가 작동하지 않을 때도 마찬가지다. 차단기를 내려서 전원을 끄고 환풍기를 뜯어서 확인하면 환풍기의 고장의 원인을 파악해서 교체할 수 있다. 이런 일은 경험하지 않으면 설비 기술자에게 보수를 요청할 수 밖에 없다. 그러면 설비 기술자가 방문해서 환풍기를 고칠 때까지는 객실을 사용할 수 없다.

프런트에서 일어나는 일도 있다. 프런트에는 모든 객실과 연결되는 인터폰이 설치되어 있다. 특정 객실과 인터폰이 연결이 안 되면 전문 기사에게 수리를 요청해야 한다. 전문 기사가 방문해서 수리할 때까지 인터폰이 고장난 객실의 고객은 불편을 감수해야 한다. 특정 객실만 인터폰으로 연결되지 않는 증상은 설정을 변경하면 정상적으로 작동하는 경우가 많다. 이런 고장도 마찬가지로 전문 기사가 방문해서 수리할 때, 프런트 직원이 간단한 고장을 수리하는 요령이나 설정하는 방법을 배워두면 요긴하게 활용할 수 있다.

직접 할 수 있는 시설관리

변기와 타일 사이에 백시멘트 보수

욕실 변기와 바닥 사이의 유지보수가 필요한 경우 백시멘트가 필요하다. 변기를 오래 전에 설치했다면, 색이 변하거나 백시멘트가 깨져 그 사이로 오물 냄새가 올라오기도 한다. 욕실 변기는 고객의 눈에 쉽게 노출되므로 유지보수에 각별히 신경써야 한다.

변기 백시멘트 보수 방법

① 객실 점검을 통해 변기 보수가 필요한 객실을 확인한다.
② 망치와 정을 이용해서 남아있는 백시멘트를 모두 제거한다. 이때 변기도기가 깨지지 않도록 유의한다.
③ 백시멘트 분말과 적당한 양의 물을 넣어 반죽한다.
④ 변기의 균형을 바로잡은 후 반죽된 백시멘트를 변기 아래로 밀어 넣고 보기 좋게 마감한다. 균형이 맞지 않으면 백시멘트로 보수한 부분에 또다시 깨짐 현상이 발생할 수 있다.
⑤ 욕실문과 창을 열어서 공기가 잘 통하게 반나절 정도 건조한다.

벽지 보수

객실 리모델링 후 시간이 지남에 따라 가장자리나 모서리 부분에 벽지가 떨어지는 경우가 있다. 처음 인테리어 할 때 사용한 벽지와 보수한 벽지가 다르면, 고객의 눈에 띈다. 보수한 표시가 나면 고객에게 불쾌감을 줄 수 있으므로 벽지 보수에 각별히 신경써야 한다.

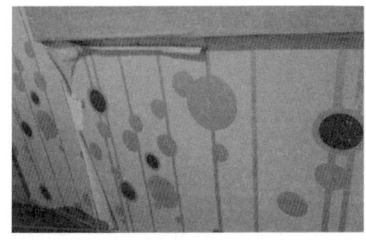
벽지 보수할 부분

벽지 보수할 부분 제거

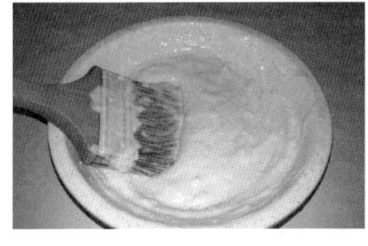
도배 풀과 목공 풀 준비

벽지 교체 후 모습

벽지 보수 방법
① 객실을 점검하며 벽지 보수가 필요한 객실을 확인한다.
② 벽지 보수가 필요한 영역을 정하고 기존 벽지를 말끔히 제거한다.
③ 객실의 색과 무늬가 맞는 벽지를 골라 보수할 영역에 맞게 자른다.
④ 도배 풀과 목공 풀을 준비한다.
⑤ 2:1의 비율로 도배 풀, 목공 풀을 섞은 후 물을 조금 넣고 저어준다.

⑥ 벽지에 풀을 발라 도배할 위치에 맞춰 붙이고, 벽지가 남는 부분은 칼로 잘라내서 마감처리를 한다. 이후 창문을 열어 통풍이 잘되도록 하여 보수한 부분을 말린다.

환풍기 교체 및 청소

시설을 교체한지 오래된 숙박업소를 방문하면 객실과 화장실에서 소음이 들린다. 환풍기 소음이다. 이 소리는 시간이 지날수록 더욱 커져 그대로 방치할 경우 고객 불만으로 이어진다. 정기적인 객실 점검을 통해 환풍기 상태를 확인한다.

환풍기 팬^{날개}에 먼지가 쌓여서 소음이 나는 경우도 있다. 먼지를 제거한 후에도 소음이 발생하면 환풍기를 교체해야 한다.

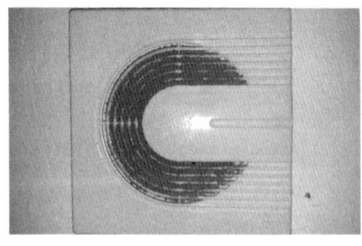
환풍기 팬 교체 전

환풍기 분리

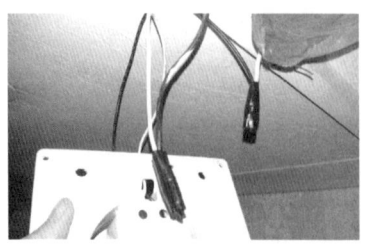
절연 테이프로 마감

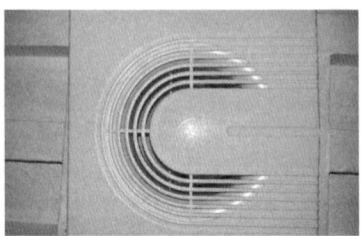
환풍기 팬 교체 후

환풍기 교체 방법

① 교체할 환풍기를 확인한다.

② 객실 차단기를 내려서 전원을 끈다.

③ 천정에서 환풍기를 분리한다.

④ 기존 환풍기의 전선을 잘라서 피복을 벗기고 새 환풍기의 전선과 연결한다.

⑤ 전선을 연결한 후 절연 테이프로 마감한다.

⑥ 환풍기를 분리한 역순으로 천정에 고정한다.

⑦ 객실 차단기를 올리고 환풍기가 정상 작동하는지 테스트한다.

LED 조명 및 안정기 교체

LED조명은 수명이 길고 밝아서 몇 년 전부터 빠르게 보급되었다. 중소형호텔에서도 객실 전등과 조명등을 LED 조명으로 교체했다. LED 조명은 매립형 간접조명으로 고객의 눈에 잘 보이는 곳에 설치한다.

조명에 문제가 발생할 경우 고객에게 시설을 제대로 관리하지 않는 숙박업소로 보일 수 있다. 정기적인 시설점검에서 객실의 모든 조명을 점검해야 한다.

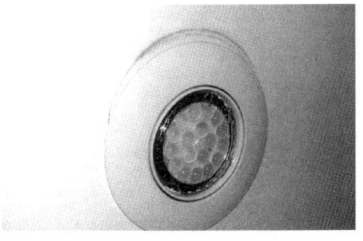

LED조명 교체 전

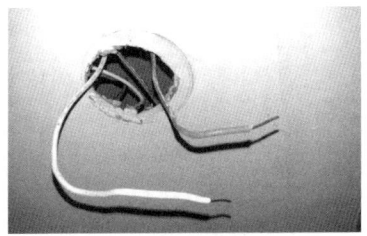

LED조명 분리

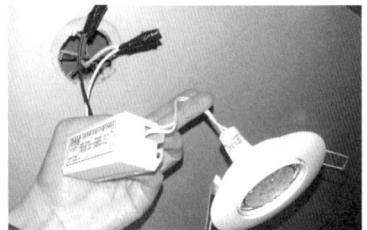

절연테이프로 마감   LED조명 교체 후

LED 조명 및 안정기 교체 방법

① 객실을 점검해서 LED 조명 교체가 필요한 객실을 확인한 후 객실 차단기를 내려서 전원을 끈다. 차단기를 내리지 않고 객실키만 분리한 상태로 조명을 교체해도 전원이 차단된다. 하지만 교체 작업 도중 누군가 실수로 객실키를 꽂을 수도 있다. LED 조명, 전기 시설을 교체할 때는 반드시 차단기를 내려서 객실 전체에 전원공급을 차단한다.

② 천정 또는 간접조명을 매립한 부분에서 LED 전구 또는 전선을 당겨서 밖으로 꺼낸다.

③ 안정기 윗부분의 전원공급 선을 니퍼로 절단하고 1cm 정도 피복을 벗긴다. 교체할 안정기의 전선 피복을 1.5~2cm 정도 벗긴다.

④ 전원공급 선과 교체할 안정기의 전선을 꼬아서 잇고 풀리지 않도록 구부린다. 벗겨진 피복이 외부에 노출되지 않도록 절연테이프로 마감한다. 벗겨진 피복이 외부에 노출될 경우 합선, 누전, 감전의 원인이 되므로 절연테이프로 단단히 감는다.

⑤ 교체한 안정기에 LED 조명을 설치한 후 객실 차단기를 올리고 LED 조명의 정상 작동 여부를 확인한다.

8
chapter

수익을 극대화하는
경영전략

성수기 특별요금은 미리 고지한다

숙박업은 성수기와 비성수기가 구분되는 업종이다. 여행지의 중소형호텔은 비수기의 숙박요금과 성수기의 숙박요금이 다르다. 해수욕장은 여름 한철 장사이기 때문에 성수기인 휴가철에는 모든 상품의 가격이 비수기보다 높다. 관광지도 성수기 시즌에는 특별요금을 적용한다. 성수기에 여행지 숙박료를 비정상적으로 높게 받는다는 뉴스가 나온다. 고객은 성수기에 일정 부분 올려 받는 가격에 대해서 묵시적으로 인정한다. 인상된 가격에 불평하는 고객도 있지만, 대부분은 성수기에 적용되는 가격을 지불한다.

특별요금을 적용하는 것은 도시의 중소형호텔도 마찬가지다. 호텔은 일반적으로 금요일, 토요일, 일요일, 공휴일 전일은 평상시 요금과 다르다. 거의 모든 숙박업에서 이런 요금 체계를 적용한다. 이 외에도 특별요금을 적용하는 날이 있다. 추석이나 설날과 같은 명절 연휴와 크리스마스, 12월 31일이다.

추석과 설날은 연휴기간이지만 고향을 찾는 시기이기 때문에 주말요금을 적용하지 않는다. 명절 연휴에는 시기를 살펴서 요금을 결정해야 한다.

8 수익을 극대화하는 경영전략

예를 들어, 명절 연휴가 길면 일자별로 귀성하는 날짜, 호텔이 위치한 지역에 사람들이 다시 유입되는 시기 등을 예측한다. 고객이 예약하거나 입실하기 전에 일자별로 요금이 다르다는 것을 확인했다면 합리적인 요금이라고 생각하고 숙박료를 지불할 것이다. 숙박요금표를 만들어 일자별로 대실요금은 어떻게 책정할지, 숙박 고객은 몇 시부터 입실을 시작할지, 퇴실시간도 평상시와 다르게 정한다.

최근에는 명절을 지내는 모습이 과거와 크게 달라졌다. 과거에 명절은 가족과 함께하는 시간이었다. 요즘은 그렇지 않다. 명절을 쉬는 기간으로 여기는 사람이 많아졌다. 'D턴족'이라는 신조어를 통해서 이런 사실을 알 수 있다. D턴족은 명절 연휴 기간 중 며칠은 고향에서, 며칠은 여행지에서 보내거나 집에서 쉬는 사람을 말한다. 이동경로가 집과 고향을 왕복하는 데서 벗어나 알파벳 D와 같다는 의미에서 D턴족이라고 한다. 호텔에서는 많은 사람이 연휴를 보내는 방식을 분석해서 고객유입을 예측한 후 일자별로 요금을 책정한다.

크리스마스와 12월 31일은 일년 중 매우 특별한 날이다. 일부 고객은 11월부터 크리스마스이브 숙박요금을 문의한다. 크리스마스이브 요금과 연말 12월 31일 요금은 11월 중에 확정해야 한다. 늦어도 12월 초에는 요금을 결정해서 숙박앱에 고지해야 한다. 미리 요금을 결정해서 고지하면 고객 불편을 줄일 수 있다.

특별한 날이나 연휴에는 숙박요금 문의가 많다. 크리스마스이브에 연인과 특별한 날을 보내려고 계획하는 고객은 숙박료 외에 이벤트 비용 등에 예산을 책정한다. 크리스마스 이브는 숙박업뿐만 아니라 음식점에서도 특별 메뉴를 선보이고 특별 요금을 적용한다. 고객 입장에서 가장 큰 비용을 차지하는 것이 숙박요금이다.

  일시적으로 요금을 인상할 때 주의할 사항이 있다. 당일 또는 며칠 전에 요금체계를 변경하는 것은 좋지 않다. 만약, 어제와 오늘 물건 가격을 다르게 판매하는 슈퍼마켓이 있다면 그 슈퍼마켓에서 물건을 구입할까? 아마도 가격을 신뢰할 수 없어서 이용하지 않을 것이다. 숙박요금도 마찬가지다. 숙박업자가 요금을 잘못 설정해서 객실을 판매하기 어렵겠다는 판단에 이미 고지된 요금을 당일에 변경한다면 가격에 대한 신뢰가 떨어진다. 예를 들어, 한 달 전 인상한 요금으로 예약한 고객이 예약한 날 방문해서 프런트에 고지된 요금이 예약한 요금보다 낮게 책정된 사실을 알게 된디면 불쾌할 것이다. 사전에 고지하지 않고 요금을 변경하는 것은 고객에게 나쁜 인상을 남기고 고객이 재방문을 꺼리게 만드는 요인이 된다. 특별요금은 예상 수요를 감안해서 신중하게 정하되 고객이 납득할만한 합리적인 요금이어야 한다. 특별요금을 적용하는 이유와 인상·인하한 요금은 반드시 사전에 고지한다.

고객 대기실을 설치한다

객실 판매가 원활한 중소형호텔은 토요일, 휴일 낮 시간에 대실 고객으로 만실이 되는 경우가 많다. 객실 판매가 완료되어 더 이상 고객을 수용할 수 없는 상황이 종종 발생한다. 판매할 객실이 없으면 예약하지 않고 찾아온 고객을 수용할 수 없다. 가게에서 상품이 없어서 장사를 못하는 것과 같다. 이런 상황에서 고객은 인근의 다른 숙박업소로 간다.

경영자와 관리자 입장에서 고객에게 객실을 제공하지 못해서 죄송하고, 발길을 돌린 고객이 '다시 우리 호텔을 찾지 않으면 어떻게 하지?'라는 걱정을 하게 된다. 객실이 없어서 돌아가는 고객에게 조금만 기다려 달라고 말하고 싶은 심정이 된다.

이런 상황에서 좋은 방법이 있다. 고객대기실을 마련하는 것이다. 중소형호텔에 공간을 마련해서 고객이 대기할 수 있는 환경을 갖춘다. 고객이 대기할 공간이 없거나 편하게 쉴 수 없는 환경이라면 대기실을 갖추지 않는 편이 낫다.

대기실을 운영할 때는 주의사항이 있다. 넓은 공간은 아니라도 고객이 편안히 머물 수 있는 공간이어야 한다. 객실 청소가 완료되었다고 해서 곧

바로 체크인해서는 안 된다. 고객이 기다린만큼 쾌적한 객실을 제공하기 위해 환기와 객실 점검을 더욱 철저하게 한다. 대기한 고객이 입실했는데 청소를 하다 말았다는 느낌을 받거나 정리가 덜 된 상태라면 만족도는 떨어진다. 이런 경우 기다린 시간까지 더해서 고객의 불만은 커진다.

가게에서 상품이 매진되면 예약 주문을 받는다. 고객대기실은 예약 주문과 같다. 호텔에서 고객대기실을 만들면 여러 가지 장점이 있다. 고객의 동의를 얻은 후에 대기실에 머무는 것이므로 중소형호텔은 대기시간 동안 객실을 정리할 시간을 확보해서 깨끗한 객실을 준비할 수 있다. 고객이 대기실에서 기다리는 동안 청소하면서 날리는 먼지와 담배냄새가 빠진 후 방향제가 객실에 퍼질 시간을 벌 수 있고 객실을 완벽하게 정리한 상태에서 입실할 수 있어서 고객 만족도를 높일 수 있다. 그리고 객실을 청소하는 시간 동안 고객이 대기하고 있어서 공실 시간이 줄어든다. 대기실은 중소형호텔의 매출과 직결되므로 제대로 활용하면 장점을 극대화할 수 있다.

손에 닿는 시설을 중점적으로 관리한다

리모델링해서 다시 문을 연 중소형호텔에서 실제로 이런 일이 있었다. 상당한 비용을 들여서 객실 내 TV, PC, 무선인터넷 등을 최신 시설로 바꾸었다. 인테리어 컨셉을 정하고 그에 맞게 객실을 꾸몄다. 하지만, 시설을 한 번에 모두 바꾸기에는 비용이 부담된 탓에 기존에 사용하던 에어컨과 리모컨 등은 바꾸지 않기로 했다. 리모델링에 쓰는 전체 비용에서 에어컨과 리모컨을 교체하는 비용은 상대적으로 크지 않다.

리모델링를 마치고 호텔 경영자는 고객으로부터 좋은 평가가 있을 것으로 기대했지만, 고객의 반응은 예상과 달랐다. TV를 교체했지만 통합 리모컨은 예전 것을 그대로 써서 일부는 제대로 작동하지 않았고 오래된 리모컨은 절연테이프로 테이핑한 부분이 끈끈했다. 이런 점을 이용후기에 쓴 고객도 있었다. 에어컨을 작동하면 에어컨에서 곰팡이 냄새가 나는가 하면 일부 객실에서는 에어컨 배관에서 물이 떨어져서 옷이 젖었다는 항의도 있었다.

중소형호텔은 고객의 손과 신체가 닿는 부분은 특별히 신경 써야 한다. 같은 집에서 오래 살면, 분위기를 바꾸기 위해 벽지와 문 손잡이 등을 바꾼다. 전반적으로 인테리어를 바꾸지 않아도 손에 닿는 부분은 바꾼다. 왜 그럴까? 손에 닿는 부분은 다른 곳에 비해 손때가 묻는다. 이런 곳만 바꿔도 변화를 느낄 수 있기 때문이다.

작은 변화로 새로운 느낌을 줄 수도 있지만 많이 바꾸고도 고객의 니즈를 파악하지 못해서 고객에게 불쾌감을 줄 수도 있다. 사소한 부분이라도 고객의 한 마디에 민감하게 반응하고 신속하게 판단하는 게 호텔 관리인의 역할이다. 고객의 말에 답이 숨어 있다.

일반적으로 사소하게 생각하는 것 중에 중소형호텔 고객이 민감하게 느끼는 것이 몇 가지 있다. 고객이 자주 불편을 호소하는 부분은 샤워헤느냐. 수압이 일정하지 않아서 물줄기가 고르게 나오지 않으면 사용하기 불편하다. 수압이 낮아서 이용하기 불편하다면 수압을 높여주는 기능성 샤워기로 교체하면 된다. 수압을 높여주는 샤워헤드는 시중에서 구입할 수 있다.

메뉴판도 고객이 자주 이용하는 물품이다. 고객이 메뉴판을 펼쳤을 때 음식이 묻은 자국이 있으면 불쾌하다. 메뉴판은 객실 점검 시 반드시 확인한다.

고객이 객실에 전반적으로 만족하더라도, 한두 가지 비품 때문에 불쾌함을 느끼면 만족했던 부분은 기억에서 사라진다. 사소한 몇 가지로 인해 불결한 호텔이라는 인식을 갖게 해서는 안 된다. 고객의 손에 닿는 비품은 직원과 관리자 모두 관심을 갖고 꼼꼼히 체크해야 한다.

머리카락과의 전쟁

고객이 객실에 들어섰을 때, 상쾌한 느낌을 받도록 객실을 정리해야 한다. 시각, 후각, 촉각 등 모든 감각에서 깔끔하게 정리되었다는 느낌이 들어야 한다. 중소형호텔에서 객실을 청소하고 정리하는 모습은 비슷하다. 객실을 정리할 때, 환기를 위해 창문을 열고 시트, 이불커버, 베개커버를 교체한다. 다음으로 욕실과 객실을 청소한다. 비품 소모품,음료 등을 채워 넣은 후 바닥을 깨끗이 닦는다. 욕실의 물기를 말리고 테이블, 침대 밑 등을 확인하고 객실 정리를 마무리한다.

같은 방식으로 청소하는데 고객의 이용후기를 보면 호텔마다 청결 점수는 크게 차이가 난다. 깨끗하고 좋았다는 평이 대부분인 곳이 있는가 하면 청결하지 않아서 다시 이용하고 싶지 않다는 평이 주를 이루는 호텔도 있다. 두 곳의 차이는 무엇일까? '악마는 디테일에 있다 The devil is in the detail'는 속담이 있다. 문제점이나 특별한 요소는 세부적인 곳에 숨어있다는 의미다. 룸메이드 직원은 청소를 마친 후 객실 전체를 확인한다. 반면, 고객은 다른 방식으로 객실 청소 상태를 확인한다. 침대 매트리스, 화장대 등 긴 머리카락 한 가닥이라도 보이면 불쾌하다.

객실 청소는 '머리카락과의 전쟁'이란 말이 있을 정도로 머리카락 청소는 중요하다. 머리카락은 룸메이드 직원뿐만 아니라 프런트 직원, 관리자에게도 민감하다. 모든 게 완벽해도 머리카락 하나로 고객은 청결의 정도를 가늠하기 때문이다. 객실 안에 남아 있는 음식 냄새, 담배 냄새는 탈취제를 뿌린 뒤 창문을 한 동안 열어두면 제거된다. 청소를 완료하고 산뜻한 향의 방향제를 뿌리면 냄새는 없앨 수 있다. 하지만 머리카락은 걸레로 닦아도 걸레에 묻은 머리카락이 다시 떨어지는 경우가 있다. 머리카락을 효과적으로 제거하려면 박스테이프를 뒤로 말아서 머리카락을 제거하거나 테이프크리너, 일명 '돌돌이'로 제거하면 된다. 물론, 박스테이프와 테이프클리너가 머리카락을 완벽하게 제거해주는 건 아니므로 침대, 화장대, 욕실처럼 머리카락이 떨어지는 곳은 한 번 더 확인한다.

고객 후기에 청결도 평점이 높은 강남의 중소형호텔을 가보았다. 객실 청소가 얼마나 잘 되는지 궁금했다. 객실을 확인한 결과 특별한 요소는 없었다. 나의 시선을 끈 것은 객실이 아니라 프런트에 비치된 객실점검 도구였다. 프런트에 소형 핸디 진공청소기가 있었다.

청소기의 용도를 물어보니 객실점검 시 사용한다고 말했다. 청소할 때 객실 바닥에 떨어진 머리카락은 이 청소기로 대부분 제거되었다. 객실 모서리나 컴퓨터 의자 안쪽에 쌓인 머리카락이나 먼지는 청소하기가 까다롭다. 룸메이드팀이 객실 청소를 마치면 객실점검 직원이 미처 제거하지 못한 머리카락을 진공청소기로 청소했다. 핸디형 진공청소기 끝에 뾰족한 모양의 창틀먼지제거 부품을 끼워 손이 닿지 않는 공간까지 꼼꼼하게 머리카락을 제거했다. 이것이 객실만족도를 높인 비결이었다.

정기적인 찌든 때 청소

집을 청소할 때는 주로 생활하는 공간을 위주로 청소한다. TV와 화장대 주변은 자주 사용하므로 더 신경써서 걸레질 한다. 손이 닿지 않은 곳은 관심을 두지 않거나 청소를 하더라도 대충 한다. 손이 닿지 않는 책꽂이 위쪽이나 자주 열지 않는 서랍장은 자주 청소하지 않는다. 시간이 지나면 손이 닿지 않아서 지저분하지는 않은데 먼지가 쌓여서 여러 번 닦아도 깨끗해지지 않을 때가 있다. 중소형호텔에도 찌든 때가 생기는 공간이 있다. 이 공간을 정기적으로 청소하지 않으면 청결한 객실을 유지할 수 없다.

호텔을 이용한 고객이 객실에서 겪은 일을 커뮤니티에 올렸다. 고객은 중소형호텔 객실에 입실했다. 객실은 전체적으로 청결해 보였다. 피로를 풀기 위해 욕조에 물을 채우고 몸을 담갔다. 욕조에 몸을 담그고 고개를 젖히는 순간 천장을 보고 경악했다. 천장 모서리부터 시작된 곰팡이가 욕실 천장 전역으로 퍼져서 얼룩덜룩했다. 욕실 시설과 청결 상태에는 만족했지만 욕실 곰팡이 때문에 찝찝함을 지울 수 없다고 했다.

중소형호텔은 찌든 때 청소를 정기적으로 해야한다. 그러지 않으면 고객의 기억에 청결하지 못한 호텔로 남는다. 찌든 때 위주로 청소하는 날을 정하고 전 직원이 공유한다. 청소 일정은 전 직원이 볼 수 있게 직원 식당이나 프런트 안쪽에 비치한다. 주말은 피해서 주중에 일정을 정한다. 찌든 때 청소는 먼지나 이물질이 쌓이기 쉬운 곳을 위주로 청소한다. 평소에 청소하는 시간보다 긴 시간을 두고 청소한다.

중소형호텔에서 찌든 때가 생기는 곳은 어디일까? 먼지가 쌓이는 창틀과 환풍기, TV 주변, 테이블 뒤와 아래, 욕실 천장, 냉장고의 성에, 전기주전자 바닥, PC본체, 에어컨필터 등이다. 특히 전기주전자는 먹는 물을 끓이는 가전제품이기 때문에 항상 청결하게 관리한다. 과거에는 객실에 정수기를 설치했지만 필터를 제대로 교환하지 않아서 위생에 문제가 발생했다. 징수기를 없애고 플라스틱 병에 든 생수를 객실에 비치했다. 그리고 고객이 뜨거운 물을 이용할 수 있도록 전기주전자를 놓았다. 전기주전자는 오랫동안 청소하지 않고 사용하면 바닥에 물때가 생긴다. 고객이 마시는 물을 끓이기 때문에 전기주전자가 조금만 지저분해도 고객은 불쾌하다. 물때는 쉽게 제거되지 않는다. 물때를 효율적인 제거하는 방법이 있다. 식초 몇 방울을 물에 희석해서 끓인다. 그러면 커피포트 바닥에 있는 물때를 쉽게 제거할 수 있다.

객실에 비치된 PC 아래쪽과 내부 먼지도 정기적으로 제거해야 한다. 에어콤프레셔로 먼지를 털어내면 신속하게 청소할 수 있다. PC 내부의 먼지를 청소하지 않으면 열을 식혀주는 팬에 무리가 생기고 기기의 수명이 줄어든다.

객실 외에도 호텔에서 먼지가 쌓일만한 곳은 일정을 정해서 정기적으로 청소한다. 프런트와 로비에 설치한 천정 에어컨, 주차장 바닥 평소에 청소하기 어려운 곳, 손이 닿지 않는 곳을 위주로 청소한다. 넓은 영역을 청소할 때는 호텔을 운영하는 최소 인원만 남기고 모두 함께 청소한다. 전 직원을 동원해서 신속하게 청소를 끝내는 것이 바람직하다.

찌든 때 청소가 필요한 곳

환풍기 먼지

전기주전자 바닥 물 때

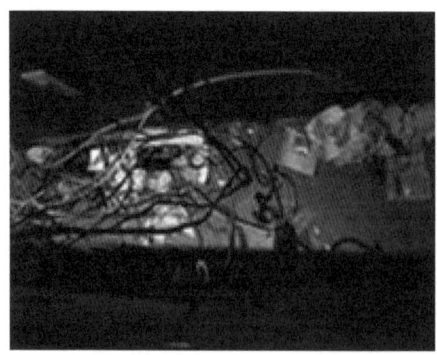

TV 테이블, 화장대 뒤쪽

PC 본체 내부

객실점검에서 이것은 꼭 확인한다

초등학교 시절에 산불 발생이 잦은 계절이 되면 화재 예방 표어를 만들거나 포스터를 그렸던 기억이 난다. 학교에서는 표어를 만들면서 학생들에게 화재에 대한 경각심을 일깨우는 계기로 삼았다. 제일 기억에 남은 표어는 '꺼진 불도 다시 보자'다.

중소형호텔도 꺼진 불을 다시 보듯 해야 하는 일이 있다. 사소하게 넘길 수도 있지만 작은 노력으로 큰 사고를 예방할 수 있으므로 반드시 확인해야 한다. 이제 막 청소를 마친 객실을 다시 한 번 객실점검 직원이 확인하기 위해 들어갔다. 옥에도 티가 있는 것처럼 청소를 완료한 객실에도 치우지 못한 쓰레기, 먼지, 머리카락 등이 남아 있을 수 있다. 객실 구석에서 휴지가 나왔다면, 청소를 제대로 못한 것을 탓할 게 아니라 객실점검을 제대로 하지 못한 것을 탓해야 한다. 룸메이드 직원이 객실을 청소하고 정리하다 보면 실수할 수 있다. 그렇기 때문에 객실을 점검하여 청소를 마무리해야 한다.

객실점검을 전담하는 직원은 청소를 마친 객실로 향하기 전에 몇 가지 준비할 것이 있다. 첫 번째는 꼼꼼한 점검을 위해 점검 항목을 정리해둔 객실점검표다. 객실점검표는 체계적으로 업무를 관리하는 호텔에서는 대부분 자체적으로 만든 양식을 구비하고 있다. 객실점검표 없이 객실을 점검한다면 이 기회에 체계적인 객실점검을 위해 객실점검표를 만들기 바란다. 두 번째는 테이프다. 박스테이프 또는 옷에 붙은 먼지를 제거하는 테이프크리너^{일명 돌돌이}를 준비한다. 객실 청소 상태를 점검하다가 머리카락, 먼지가 있으면 테이프로 제거한다. 세 번째는 방향제다. 청소하는 동안 환기하고 방향제를 뿌린다. 하지만 객실점검 시 미처 냄새가 빠지지 않았거나 음식 냄새가 남아있다면 제거해야 한다. 냄새는 일정 시간이 지나야 사라지지만 방향제나 탈취제를 사용하면 냄새를 더 빨리 제거할 수 있다. 네 번째는 마른걸레다. 욕조나 세면대에 물기가 제거되지 않은 객실이 종종 있다. 이때 마른걸레를 이용해서 한 번 더 물기를 닦는다. 객실점검에서 한 가지 더 추가한다면, 핸디형 진공청소기이다. 앞에서 설명한 것처럼, 청소했지만 객실 구석과 전선, 여러 가지 케이블 사이에 머리카락이나 먼지가 있을 수 있다. 구석에 있는 먼지가 눈에 띄면 핸디형 진공청소기로 제거한다.

객실점검은 객실청소에서 놓친 부분을 찾아서 청소를 완료하는 게 첫째 목표이고, 룸메이드 직원에게 청소가 덜 된 부분을 전달해서 청소를 보완하고 개선하는 게 둘째 목표다. 객실점검은 룸메이드 직원을 나무라거나 청소 상태를 평가하는 과정이 아니다. 고객에게 더 나은 객실을 제공하는 게 객실점검의 기능이다. 고객이 호텔을 평가하는데 가장 큰 영향을 미치는 항목이 '청결'인 만큼 객실점검이 깨끗한 객실을 제공하기 위한 필수 업무라는 점을 기억해야 한다.

객실 점검표(예시)

장소	점검항목	상태	내용	비고
침실	냉장고에 음료를 비치했는가?			
	유리컵은 깨끗이 세척했는가?			
	창틀에 먼지 청소를 했는가?			
	환기를 위해 창문을 적당히 열었는가?			
	화장대에 화장품은 비치되어 있는가?			
	리필 화장품은 잘 채워져 있는가?			
	쓰레기통은 잘 비워졌는가?			
	쓰레기통에서 냄새가 나지 않는가?			
	전화기가 제대로 작동하는가?			
	전화기 선이 꼬이지 않았는가?			
	옷걸이가 제대로 걸려 있는가?			
	객실 바닥 오염 물질이나 머리카락은 없는가?			
	시트, 이불, 베개에 머리카락은 없는가?			
	베드 메이킹이 팽팽하게 잘 되었는가?			
	객실에서 불쾌한 냄새가 나지 않는가?			
	침실 거울에 얼룩은 없는가?			
	메뉴판에 이물질이나 음식물 흔적은 없는가?			
	인쇄 브로슈어는 깨끗이 보존되었는가?			
	TV에 먼지나 손자국은 없는가?			
	냉장고의 청소상태는 깨끗한가?			
	헤어드라이어는 정상작동 하는가?			
	컴퓨터 키보드, 마우스, 모니터가 정상 위치에 있는가?			
	천장의 환풍구에 먼지나 소음이 없는가?			
	에어컨 냉방능력과 바람세기는 문제 없는가?			
	전기스위치, 램프, 리모컨 등의 작동은 정상인가?			
	객실 세팅은 정 위치에 되어있는가?			
	티슈는 충분히 보충되어 있는가?			
	신발장 구두주걱은 정위치에 비치되어 있는가?			
	객실 슬리퍼는 정위치에 놓여 있는가?			

객실 점검표(예시)

장소	점검항목	상태	내용	비고
욕실	타월이 정상적으로 비치되어 있는가?			
	양치컵은 얼룩 없이 속까지 제대로 닦여 있는가?			
	천장, 벽면에 누수가 있거나 얼룩은 없는가?			
	변기 시트는 잘 고정되어 있는가?			
	변기 내부청소는 잘 되어 있는가?			
	변기 띠는 정 위치에 놓여 있는가?			
	충분한 양의 롤화장지가 비치되어 있는가?			
	샤워기는 정상작동 하며 물이 새지 않는가?			
	욕조에 얼룩이나 이물질이 없는가?			
	세면대는 깨끗이 청소되어 있는가?			
	세면대 폽업은 정상작동 하는가?			
	욕실 배수구에서 냄새가 나지 않는가?			
	변기 밸브는 정상작동 하며 물이 새지는 않는가?			
	욕실 소모성 어메니티는 정량이며, 제 위치에 있는가?			
	샤워기와 세면대 수전은 정상작동 하는가?			
	욕실 환풍기에 먼지가 묻거나 소음이 심하지 않은가?			
	천장에 곰팡이나 거미줄은 없는가?			
	실리콘시공에 곰팡이는 없는가?			
	거울에 얼룩이나 손자국은 없는가?			
	욕실 슬리퍼는 가지런히 놓여 있는가?			
	비누접시는 깨끗하게 세척되어 있는가?			
	습기 제거, 환기를 위해 욕실 문이 열려 있는가?			
	욕실 바닥은 깨끗이 세척되었으며 물기는 없는가?			

비품창고와 린넨실은 정리된 상태를 유지한다

학교에서 성적이 우수한 학생 책상은 깔끔하게 정리되어 있다. 회사에서 일처리가 빠르고 확실한 직원은 주변 정리가 잘되어 있다. 필기도구, 연습장, 스테이플러 등을 필요할 때 바로 사용할 수 있도록 정해진 곳에 두는 이유는 헛된 노력을 줄이고 효율성을 높이기 위해서다. 하나를 보면 열을 안다는 말처럼 그 사람의 자리와 물건을 사용한 흔적만으로도 대략 어떤 사람인지 추측할 수 있다.

중소형호텔에서 여러 직원이 자주 드나드는 장소는 비품창고와 린넨실이다. 비품창고와 린넨실을 보면 직원들의 마인드를 엿볼 수 있다. 할 일을 준비하는 직원은 누가 시키지 않아도 소진된 비품을 부지런히 채워 넣고 바로 꺼내서 사용할 수 있게 정리한다. 청소 중에도 부족한 비품이 있으면 메모했다가 린넨실 재고를 잘 파악하고 주문한다. 반면, 그렇지 않은 직원도 있다. 당장 필요한 비품을 찾아서 사용하고 비품창고에 대충 쌓아 놓는다. 정리와 정돈을 생활화하지 않으면 효율도 떨어진다.

비품창고나 린넨실을 정리정돈하는 데 정해진 방법은 없다. 창고에는 비품이나 청소도구, 1회용품 등을 이용하기 편리하게 정리하면 된다. 신입 직원이 입사했을 때 비품 정리가 잘 되어 있으면 업무에 적응하는 시간이 단축된다. 정리를 잘 해놓으면 고객이 비품을 요청했을 때 응대하는 시간도 단축된다. 따라서 비품창고 정리는 고객만족도와 연결된다. 그렇다면 비품창고와 린넨실은 어떤 기준으로 정리해야 할까?

비품창고를 정리하는 데 다음 기준을 참고하기 바란다.

첫째, 비품을 품목별로 나눠서 사용 빈도에 따라 위치를 정한다. 비품창고나 린넨실에는 3~4단의 선반을 설치하고 비품을 보관한다. 문을 열고 들어섰을 때, 가장 많이 사용하는 품목 순으로 손이 닿기 쉬운 곳에 배치한다. 사용량이 적은 품목은 선반의 안쪽이나 문에서 먼 곳에 배치한다. 예를 들어, 객실에서 매번 교체하는 시트, 이불커버, 베개커버, 수건, 음료, 생수 등은 창고 입구 선반에 보관한다. 사용빈도가 상대적으로 적은 여분의 재떨이, 욕실 슬리퍼, 뚫어뻥 등은 창고 안쪽에 보관한다.

둘째, 무게를 가늠해서 무거운 비품은 선반 아래쪽이나 바닥에 보관한다. 선반이 견디는 무게가 정해져 있어서 사용 빈도가 높아도 무거운 품목은 아래에 보관한다. 특히 객실에 비치하는 음료는 무게가 많이 나가지만 자주 사용하는 비품이므로 창고 입구와 가까운 곳, 바닥에 쌓아둔다. 음료와 간식을 쌓아놓은 곳은 항상 깨끗하게 청소한다.

셋째, 비품창고에 보관중인 물품의 재고를 파악해서 현황판에 적어놓는다. 직원 모두가 재고 현황판에서 품목별 재고가 몇 개인지 파악해서 재고가 부족할 경우 관리자에게 알려서 비품 주문 시 빠트리지 않도록 한다. 재고현황판은 수량을 쓰고 지우기 쉽게 아크릴 재질이나 코팅 재질로 만든다. 작은 칠판을 걸어두고 필요한 비품을 적어놓는다. 담당자를 정해서 한 사람이 재고를 파악한다. 담당자 부재 시에는 비품창고를 자주 이용하는 룸메이드 직원이 재고를 확인한다.

    넷째, 비품 관리대장을 문서로 만들어서 관리한다. 비품 관리대장에 입고량을 주기적으로 살펴보면 비품 소모량을 파악할 수 있다. 늘려야 할 재고와 줄여야 할 재고를 구분할 수 있고 정기적으로 주문해야 하는 품목도 알 수 있다. 비품 관리대장으로 고객의 음료 선호도까지 알 수있다. 객실에 비치되는 음료가 오랜 기간 동안 소진되지 않아 재고가 많이 남아있다면 고객 선호도가 낮은 음료라 판단할 수 있다. 다른 음료로 바꿔서 고객만족도를 높이는 계기로 만든다. 비품 관리대장은 제때 정리하지 않으면 주먹구구식으로 비품을 주문해서 일부 품목을 낭비하게 된다. 불필요한 지출을 줄이려면 재고를 제대로 관리하고 비품 관리대장을 최대한 활용해야 한다.

소모품과 시설 교체 부품을 여유있게 준비한다

고객이 입실했을 때 객실 시설이 정상적으로 작동하지 않으면 불편하다. 호텔 근무자는 사전에 고객이 불편하지 않도록 모든 시설이 정상적으로 작동하는지 파악해야 한다. 객실점검에서는 정상적으로 작동했는데 고객이 사용할 때 작동하지 않을 때도 있다. 이런 경우 즉시 고객 불편을 해결해야 한다. 객실에 비치된 시설이 고장나는 상황을 대비해서 여분의 재고를 보유하는 것은 기본이다.

고객은 정상적으로 작동하지 않는 시설 때문에 불편을 느낀다. 대표적인 예가 리모컨이다. 리모컨이 작동하지 않거나 버튼이 제대로 눌러지지 않아서 교체를 요구하는 고객이 많다. 호텔에서는 통합리모컨을 사용한다. 리모컨이 작동하지 않으면 TV뿐만 아니라 조명, 에어컨 등의 시설을 사용하기가 불편하다. 리모컨은 객실 수에 비례해서 넉넉히 준비한다. 50개의 객실을 갖춘 중소형호텔은 리모컨 여분을 20개 이상 보유해야 한다. 고장 난 리모컨을 수리할 때도 교체할 리모컨 재고가 있어야 한다. 여분을 감안해서 재고를 파악한다.

PC가 고장 나거나 인터넷 접속이 원활하지 않을 때도 고객은 불편을 호소한다. 접촉불량으로 모니터 색이 이상 하거나 스피커, 키보드, 마우스가 작동하지 않는 일은 흔하다. 모니터 화면에 블루스크린이 나오거나 특정 프로그램이 작동하지 않을 때, 객실을 변경하는 것이 좋다. 변경할 객실이 없다면 고객에게 양해를 구하고 PC 본체를 교체해서 불편을 해소한다. 중소형호텔에서는 PC가 정상적으로 작동하지 않을 때를 대비해서 여분의 PC 본체를 구비하고 있어야 한다. 여분으로 필요한 PC는 2~4대 정도가 적당하다. 모니터도 1~2대 정도의 여분으로 구비한다. PC 본체와 비교해서 모니터는 고장이 발생하는 빈도가 낮다. PC와 모니터를 연결하는 케이블도 여분을 준비한다. 모니터 케이블 이상으로 화면이 이상하게 나오는 경우가 많다.

전기주전자도 자주 고장을 일으키는 비품이다. 여러 사람이 사용해서 제대로 작동되지 않는 경우가 있다. 전기주전자도 여분의 재고를 구비한다. 객실에 비치한 드라이기와 고데기도 고장의 빈도가 높다. 고장 빈도가 높은 전자제품은 일정 수량의 여분을 준비해서 고객 요청시 즉시 교체한다.

객실에서 가장 많이 교체하는 소모품은 건전지다. 객실 출입문에 도어락 잠금장치가 설치된 호텔은 건전지를 주기적으로 교체해야 한다. 객실 리모컨 건전지도 마찬가지다. 화재 시 사용하는 비상용 손전등도 정기적으로 점검한다. 건전지로 작동하는 시설은 건전지를 교체한 후에 작동 여부를 반드시 확인한다. 건전지는 소모되는 수량을 가늠해서 사이즈별로 충분한 양을 보유해야 한다.

교체 주기가 비교적 긴 소모품도 파손된 곳이 없는지 정기적으로 확인한다. 욕실의 변기커버가 깨져서 교체해야 하거나 객실의 수건걸이가 파손되거나 휘어져서 다시 설치해야 할 때도 있다. 화장실 휴지걸이가 파손되는 일도 종종 발생한다. 세면대 폽업이 고장나기도 하고 폽업과 연결된 주름트랩이 망가져서 물이 새거나 역류할 때도 있다. 이런 시설 문제로 인해서 고객이 불편하지 않도록 점검하고 조금이라도 이상이 있으면 교체한다. 소모품과 비품은 재고를 충분히 구비해서 문제가 발생하면 즉시 대처할 수 있도록 준비해둔다.

숙박업소에서 방역은 필수다

식당에서 식사하는 도중에 바퀴벌레를 봤다면 어떤 기분일까? 이런 상황은 겪어보지 않아도 기분을 충분히 이해할 수 있다. 중소형호텔에서도 이런 일이 일어나지 말라는 법은 없다. 간혹, 호텔 이용후기에는 객실에 벌레가 있어서 불쾌했다는 내용이 가끔 올라온다.

이런 사건은 얼마든지 발생할 수 있다. 객실관리를 잘 해도 호텔 건물이 노후되면 벌레가 나온다. 지리적으로 산, 호수, 공원 등 자연에 인접한 호텔은 환기하기 위해 열어둔 객실 창문을 통해 날벌레가 들어올 수 있다. 벌레가 어떤 종류든지 상관없이 벌레가 있다는 것만으로 고객은 불쾌하다. 파리, 모기, 바퀴벌레를 비롯하여 모든 해충이 유입되는 것을 방지해야 한다.

중소형호텔에서 정기적인 소독과 방역은 선택 사항이 아니다. 정부에서 국민 건강에 위해가 되는 감염병을 예방하고 확산을 막기 위해 '감염병의 예방 및 관리에 관한 법률'에 의거하여 의무적으로 방역을 실시하도록 하고 있다. 중요한 것은 자체적으로 실시하는 소독은 '감염병의 예방 및 관리에 관한 법률'에서 방역으로 인정하지 않는다는 점이다. 법률에서 인정하는 정기적인 방역은 신고된 소독업체에 의뢰하여 소독을 실시하여야 한다. 소독업체 선정시 고려할 점은 해충이 많은 계절인 여름철에 벌레나 해충이 호텔에서 발견되었을 경우, 적극적으로 대응하는 업체를 선정해야 한다.

내국인 고객을 수용하는 게스트하우스는 '공중위생관리법'을 따르는 숙박업소로 분류되어 중소형호텔과 마찬가지로 의무적으로 방역을 실시해야 한다. '감염병의 예방 및 관리에 관한 법률 시행규칙'을 지켜야 하는 게스트하우스에서 방역은 필수다.

법률에서 소독하는 횟수도 정해져 있다. 정기적인 소독횟수는 '소독을 해야 하는 시설의 종류 및 소독횟수 기준'을 참고하기 바란다. 만약, 소독 횟수 기준을 지키지 않으면 과태료가 부과될 수 있다. 소독에 관한 사항은 행정구역 별 관할 보건소로 연락하면 자세한 안내를 받을 수 있다.

코로나19 사태로 고객의 불안감이 높아져 국가에서 정한 정기 방역 외에 추가로 방역을 실시하는 숙박업소가 늘었다. 고객이 숙박업소를 바이러스로부터 안전한 곳으로 인식하지 못한다면 고객은 줄어들 것이다. 고객의 눈높이에 맞는 방역 활동이 필요하다.

소독을 해야 하는 시설의 종류 및 소독횟수 기준

(시행령 제24조, 시행규칙 제36조제4항)

소독을 해야 하는 시설의 종류	소독횟수	
	4월~9월	10월~3월
1. 「공중위생관리법」에 따른 숙박업소(객실 수 20실 이상인 경우만 해당한다), 「관광진흥법」에 따른 관광숙박업소 2. 연면적 300제곱미터 이상의 식품접객업소 3. 「여객자동차 운수사업법」에 따른 시내버스·농어촌버스·마을버스·시외버스·전세버스·장의자동차, 「항공법」에 따른 항공기와 공항시설, 「해운법」에 따른 여객선, 「항만법」에 따른 연면적 300제곱미터 이상의 대합실, 「철도사업법」 및 「도시철도법」에 따른 여객운송 철도차량과 역사(驛舍) 및 역무시설 4. 「유통산업발전법」에 따른 대형마트, 전문점, 백화점, 쇼핑센터, 복합쇼핑몰, 그 밖의 대규모 점포와 「전통시장 및 상점가 육성을 위한 특별법」에 따른 전통시장 5. 종합병원·병원·요양병원·치과병원 및 한방병원	1회 이상/1개월	1회 이상/2개월
6. 한 번에 100명 이상에게 계속적으로 식사를 공급하는 집단급식소 7. 「주택법」에 따른 기숙사 및 50명 이상을 수용할 수 있는 합숙소 8. 「공연법」에 따른 공연장(객석 수 300석 이상인 경우만 해당한다) 9. 초·중등교육법」 제2조 및 「고등교육법」 제2조에 따른 학교 10. 「학원의 설립·운영 및 과외교습에 관한 법률」에 따른 연면적 1천제곱미터 이상의 학원 11. 연면적 2천제곱미터 이상의 사무실용 건축물 및 복합용도의 건축물 12. 「영유아보육법」에 따른 영유아 보육시설 및 「유아교육법」에 따른 유치원(50명 이상을 수용하는 영유아 보육시설 및 유치원만 해당한다)	1회 이상/2개월	1회 이상/3개월
13. 「주택법」에 따른 공동주택(300세대 이상인 경우만 해당한다)	1회 이상/3개월	1회 이상/6개월

소독의무대상시설의 소독 관련 과태료 부과 기준
(제33조 관련)

위반행위	근거 법조문	과태료 금액 1회	2회
① 법 제 28조 제 2항에 다른 보고를 하지 않거나 거짓으로 보고한 경우 ② 법 제 51조 제2항에 따른 소독을 하지 않은 경우 ③ 법 제 53조에 다른 휴업, 폐업 또는 재개업 신고를 하지 않은 경우 ④ 법 제 54조 제 2항에 따른 소독에 관한 사항을 기록, 보존하지 않거나 거짓으로 기록한 경우	법 제 83조 제1항 제1호 법 제 83조 제 1항 제2호 법 제 83조 제 1항 제 3호 법 제 83조 제 1항 제 4호	50만원 50만원 25만원 15만원	100만원 100만원 50만원 30만원

비고
① 위반행위의 횟수에 따른 과태료 부과기준은 최근 1년간 같은 위반행위로 과태료 처분을 받은 경우에 적용한다.
   이 경우 그 기준적용일은 같은 위반행위에 대한 과태료 부과일과 재적발일을 기준으로 한다.
② 시, 도지사 또는 시장, 군수, 구청장은 같은 위반행위가 2회를 초과한 경우에는 2회차 과태료를 부과한다.

상시전원과 비상시전원은 반드시 구분한다

아파트 관리사무소에서 다음 내용으로 방송을 했다.

"전기공사로 정전이 되었으니, 가전제품에 이상이 없는지 확인바랍니다."

예상치 못하게 갑자기 전원이 차단되는 바람에 전자제품에 이상이 생겼을지 모르니 점검해보라는 얘기였다. 전자제품은 정상적으로 작동하는 도중에 전원이 차단되면 제품에 이상이 발생하거나 고장의 원인이 되기도 한다. 일부 전자제품은 작동중에 갑자기 전원이 차단되면 심각한 이상이 발생해서 제품을 사용하지 못하게 되는 경우도 있다.

중소형호텔에는 전기를 사용하는 기기가 많다. 객실과 복도, 로비 등에 눈에 보이는 시설, 보이지 않는 시설이 있다. 호텔의 전원공급 형태는 두 가지다. 일반 가정에서 사용하는 것처럼 항상 전원이 공급되는 상시전원과 비상시전원이 있다. 비상시전원은 고객이 객실에 입실해서 키를 꽂으면 전원이 공급되고 퇴실 시 객실 키를 뽑으면 전원이 차단되는 방식이다. 숙박업소는 오래전부터 이런 방식으로 비상시전원을 설치해서 사용하고 있다. 이렇게 사용하는 이유는 에너지를 절약하기 위해서다. 하지만 두 가지 전원공급 형태를 제대로 사용하지 않으면 오히려 큰 손실이 생길 수 있다.

중소형호텔은 객실에 여러 가지 전자제품이 설치되어 있다. TV, 냉장고, 에어컨, 컴퓨터, 무선와이파이, 헤어드라이기 등이 있다. 전기 공급이 갑자기 차단되거나 스위치를 끄기 전에 전원코드를 뽑으면 기기에 이상이 발생할 수 있는 전자제품이다. 이 가운데 PC와 냉장고는 상시전원에 연결해야 한다.

PC는 갑자기 전원이 꺼지면 다시 켰을 때 정상적으로 작동되지 않는 경우가 많다. 가정에서도 아이들이 놀다가 실수로 전원코드를 뽑으면 PC가 망가지는 원인이 된다. 객실에 설치한 PC는 이런 점에서 더 신경 써야 한다.

PC를 비상시전원에 연결하여 사용하는 호텔이 있다. PC를 비상시 전원에 연결하면 고객이 객실 키를 꽂아서 전원이 공급되면 정상적으로 작동하지만 PC가 제대로 종료되지 않은 상태에서 객실 키를 뽑으면 전원이 차단되어 작동 중에 꺼진다. 이런 이유로 객실의 PC는 반드시 상시전원에 연결해야 한다. 전원이 차단되어 고장날 가능성이 있는 제품은 상시전원에 연결한다.

다중이용업소 화재 배상책임보험

숙박업소에서 가입해야 하는 의무보험이 있다. 바로 "다중이용업소 화재 배상책임보험"이다. 의무보험이란 선택이 아닌 필수사항이다. 미가입 시 과태료가 부과되므로 신경써야 한다.

이 보험은 2009년 발생한 부산 실내 실탄사격장 화재 사건이 계기가 되었다. 당시 화재사고로 일본인 관광객 7명 등 총 11명의 사망자가 발생했고 해당 건물의 건물주와 관리인에게 47억원을 배상하라는 판결이 내려졌다. 이를 계기로 2012년 2월 22일 「다중이용업소의 안전관리에 관한 특별법」이 공표되었다. 보험은 화재사고로 제3자에게 생긴 법률상의 배상책임 보상, 손해의 방지, 경감을 위해 사용된 유익한 비용 등을 보장하는 내용을 담고 있다. 미가입 시 300만 원 이하의 과태료가 부과되니 참고하기 바란다.

"재난배상책임보험"은 중소형호텔 외에 농어촌민박 사업자도 의무가입해야 하는 보험이다. 2018년 12월 강릉에서 발생한 펜션 화재사고로 고등학생들이 일산화탄소에 중독돼 10명 중 3명이 사망한 사건이 있었다. 이를 계기로 2020년 12월 10일 「재난 및 안전관리 기본법」 시행령이 개정되면서 농어촌민박 시설은 재난배상책임보험 의무가입 대상이 되었다.

재난배상책임보험은 화재, 폭발, 붕괴 등으로 타인의 생명과 신체, 재산상 손해를 보상하는 제도이다. 2021년 5월 11일 이전에 농어촌정비법에 따라 신고한 농어촌민박 사업자는 6개월 유예기간 안에 재난배상책임보험에 가입해야 하며 5월 12일 이후 신고한 농어촌민박 사업자는 신고가 완료된 날로부터 30일 이내에 보험에 가입해야 한다. 재난배상책임보험 또한 미가입 시 300만 원 이하의 과태료가 부과된다.

숙박업소 화재는 다수의 인명피해로 이어질 수 있어 과태료 때문이 아닌 소중한 생명을 보호하고 안전한 사업 영위를 위해 반드시 필요한 보험이다.

주차장 배상 책임보험

중소형호텔에서는 대부분 주차장을 갖추고 있다. 도심에 위치한 호텔은 입지의 특성상 주차공간이 넓지 않다. 차가 많을 때는 호텔 주차장에 하루에 수십대까지 드나든다. 한적한 시골보다 혼잡한 도심에서 교통사고가 많이 발생하듯 오가는 차량이 많으면 주차장에서 발생하는 접촉사고도 늘어난다. 호텔 관리자는 이런 상황도 미리 대비해야 한다. 주차장 구획은 규격화되어 있지만 구획 안에 주차하는 자동차의 크기는 다르다. 때문에 넓은 주차장에 주차하는 것보다 더 정교한 주차실력이 필요하다. 익숙한 주차장이지만 호텔직원도 실수할 수 있다. 주차장에서 사고가 발생했다면 다음의 법률에 근거하여 중소형호텔에서 차량을 보상하여야 한다.

〈상법 제152조 (공중접객업자의 책임)〉
① 공중접객업자는 객으로부터 임치를 받은 물건의 멸실 또는 훼손에 대하여 불가항력으로 인함을 증명하지 아니하면 그 손해를 배상할 책임을 면하지 못한다.

② 공중접객업자는 객으로부터 임치를 받지 아니한 경우에도 그 시설 내에 휴대한 물건이 자기 또는 그 사용인의 과실로 인하여 멸실 또는 훼손된 때에는 그 손해를 배상할 책임이 있다.
③ 객의 휴대물에 대하여 책임이 없음을 제시한 때에도 공중접객업자는 전2항의 책임을 면하지 못한다.

위 법률을 해석하면 다음과 같다.

만약, 비용을 지불하고 이용하는 유료주차장과 대형마트 주차장에 주차했다가 누군가 차를 훼손하고 아무런 조치 없이 사라졌을 경우, 주차장을 운영하는 주체에 손해 배상을 청구할 수 있다는 내용이다. 주차장 측 사업주가 무죄를 입증하지 못하면 손해 배상을 해야 한다. 이 법률은 호텔에서 발생한 차량 훼손사고나 차량 도난 사고에 대해서 호텔 업주가 배상책임을 져야 한다는 내용이다.

이런 상황에 대비한 보험 상품이 '주차장 배상 책임보험'이다. 해당 보험의 내용은 피보험자가 소유, 사용, 관리하는 주차 시설 및 그 시설의 용도에 따른 주차업무의 수행으로 생긴 우연한 사고로 주차를 목적으로 위임받은 차량에 재물손해를 입히거나 기타 제3자에게 신체장애나 재물손해를 입혀서 법률상의 배상책임을 부담함으로써 손해를 배상한다는 내용이다.

중소형호텔 주차장에서 실제로 있었던 일을 소개한다. 주차장에 외제차가 한 대 들어왔다. 직원은 정중하게 고객을 프런트로 안내하고 발렛파킹을 했다. 주차 시 전후방감지센서를 확인하고 차량에 탑승했기에 센서 경고음을 참고하여 주차를 시도했다. 하지만 예상치 못한 상황이 발생했다. 뒤에 주차된 차량과 부딪히는 접촉사고가 발생한 것이다. 사고를 수습하기 위해 차량을 확인한 결과 후방감지센서가 설치되어 있었지만 작동하지 않았다. 이런 사고는 중소형호텔에서 배상해야 한다. 또 다른 중소형호텔에서 일어난 일이다. 이 호텔 주차장은 건물 가운데 기둥이 있어서 기둥 주위로 주차할 때는 주변을 확인한 후에 주차를 시도하여야 했다. 하지만 24시간 운영되는 중소형호텔의 주차장에서 주차 담당직원이 야간에 주차를 시도하다가 기둥에 부딪히는 사고가 발생했다. 이 사고로 차가 훼손되어 직원은 매우 당황했다. 두 사고 모두 '주차장 배상 책임보험'으로 마무리 할 수 있었다.

도심에 위치한 중소형호텔에는 주차타워를 설치한 곳이 많다. 주차타워의 운영유무에 따라 보상과 보험료가 조금씩 달라질 수 있다. 주차장을 설치한 곳과 다른 기준을 적용하므로 사전에 보험설계사와 상담하여 해당 호텔의 주차장 특성에 맞는 보험에 가입해야 한다.

숙박업소 주차장에서 발생한 사고는 무조건 숙박업소에서 책임져야 할까?

주차장을 보유한 중소형호텔은 대부분 주차장 배상 책임보험에 가입되어 있다. 그래서 사고가 발생하더라도 큰 문제가 일어나지 않는다. 중소형호텔에서 근무하다 보면 차량 사고는 예상치 못한 비용이 들고 고객과 불미스러운 일이 생길 수 있어서 민감하다. 보험으로 배상하더라도 부담금과 할증이 생기기 때문이다. 만약, 중소형호텔 주차장에서 사고가 났다면 무조건 중소형호텔이 배상책임을 져야할까? 그렇지 않다. 상황에 따라 책임 소재는 다를 수 있다. 중소형호텔에서 가장 빈번하게 발생할 수 있는 세 가지 상황을 예로 들어 설명하겠다.
첫 번째는, 중소형호텔 직원이 고객에게 자동차 열쇠를 건네받아 주차하던 중 발생한 사고.
두 번째는, 중소형호텔 주차장에서 고객이 스스로 주차하다가 발생한 사고.
세 번째는, 고객이 퇴실하며 프런트에서 차량키를 받아 출차 중에 주차된 차량과 접촉한 사고. 이렇게 세 가지다.
첫 번째, 여지 없이 호텔에서 책임져야 한다. 고객에게 자동차 열쇠를 받은 것은 그 차량에 대한 권한을 위임받았음을 의미한다. 따라서 중소형호텔에서 배상해야 한다.
두 번째, 중소형호텔의 주차장 환경에 익숙하지 않은 고객에게 발생할 수 있는 사고다. 이런 사고가 고소로 이어진 사례가 있었다. 고객은 호텔 주차장에서 발생했으니 호텔에서 배상하라는 입장이었고, 호텔 측은 고객이 주차하다 발생한 사고이니 배상하기 어렵다는 입장이었다. 당시에 판결은 이랬다.
"중소형호텔 측에서 고객의 차량을 양도받아 주차한 것이 아니라 단순히 주차공간 장소만 제공했기 때문에 배상의 책임이 없다."
따라서 두 번째 상황은 고객 과실이다. 이 사고로 숙박업소 주차장이 파손되었다면, 법적으로 고객이 변상해야 한다.
세 번째는 고객이 직접 운전하여 주차장을 빠져나가는 중에 발생한 사고다. 나는 이런 차량 사고를 두 번 정도 경험했다. 두 번째와 마찬가지로 고객이 운전하던 중에 발생한 사고다. 따라서 사고 당사자인 고객이 배상해야 한다.
호텔이나 게스트하우스에서 관리하는 주차장에서 발생한 사고는 무조건 숙박업소에서 배상해야 한다고 알고 있다. 실제로 호텔 주차장에서 고객이 직접 주차하던 중 사고가 발생한 일이 있었다. 고객은 프런트에서 배상하라며 큰소리로 항의했다. 관리자가 부재중인 상황에서 주차장 사고를 어떻게 처리해야 하는지 몰랐던 직원은 호텔에서 배상하겠다는 각서를 써주었다. 직원이 써준 배상한다는 각서가 법적인 효력을 가지고 있느냐와 관계 없이 직원 교육이 부족한 탓에 발생한 일이다. 이런 일을 미연에 방지하려면 직원교육이 필요하다. 적어도 이런 상황을 가정해서 직원 교육 외에도 직원과 함께 여러 가지 상황에 대해서 대화하고 토론하는 시간을 가져야 한다.

승강기 비상통화장치 설치 의무

일정규모 이상의 중소형호텔에는 승강기를 24시간 운행된다. 승강기를 설치한 곳은 예외없이 정기적으로 점검을 받는다. 법에서 정한 기간에 정비를 해도 크고 작은 고장으로 고객이 불편을 겪는 사건이 발생한다. 승강기 오작동은 종종 발생하기 때문에 꾸준한 관리를 필요로 한다. 국민안전처 중앙소방본부에 따르면 2014년 한해 승강기 사고로 119가 출동한 횟수는 전국적으로 15,128건이다. 승강기 사고는 우리 주위에서 어렵지 않게 접할 수 있는 사고다.

여름철 전력 수급 문제로 2011년 9월 15일, 우리나라 역사상 가장 큰 정전사고가 발생했다. 당시에 많은 사람이 승강기 안에 갇히는 사고가 발생했다. 이를 계기로 2013년에는 '승강기 시설 안전관리법'을 개정하고 승강기 비상통화장치의 설치를 의무화했다. 비상통화장치는 정전, 고장 등으로 승강기에 갇힌 승객이 외부에 도움을 요청하기 위한 장치다. 비상통화장치는 승강기에 갇힌 승객이 비상버튼을 누르면 1차로 경비실이나 관리사무소로 연결된다. 1차로 연결이 이뤄지지 않으면, 2차로 유지관리 업체나 자체 점검자에게 연락이 된다.

비상 통화장치로 담당자에게 연락하는 과정은 다음과 같다.

비상통화장치

```
승강기                          1차              2차
내부      →   비상버튼   →   ·경비실    ┄┄>  ·유지관리업체
비상상황 발생                    ·관리사무실  연결되지    ·자체점검자
                                          않으면
←─────────────────────────→  <┄┄┄┄┄┄>
              →                    ┄┄>
            기존                   개정
```

과거에는 승강기에 갇혀 고립된 승객은 외부와 통화하여 구조요청할 수 있는 장치가 없었다. 하지만 비상통화장치는 이 문제를 보완했다. 비상통화장치 설치가 의무사항이 된 만큼 승강기를 설치한 모든 곳에서 설치해야 한다. 비상통화장치에 관해서 자세한 내용은 한국승강기안전공단 홈페이지 www.koelsa.or.kr나 고객센터 1566-1277에서 안내하고 있다.

국민안전처에 따르면 승강기 비상통화 외부 연결장치는 지난 2011년 대정전 사태로 승강기가 멈춰 전국 2천여 명의 피해 인원을 발생시킨 이래 시설안전관리법 승강기 검사기준 전부를 개정·고시해 지난달 15일까지 3년에 걸친 시행 유예기간을 가진 뒤 설치를 의무화했다. 승강기 비상통화 외부 연결장치란 승강기 내 위급상황 발생 시 내부 통화가 안 될 경우 지정한 외부 장소로 자동 연결돼 갇힌 승객이 신속하게 구조될 수 있도록 하는 양방향 음성 통화 장치다.

〈기호일보, 2015년 04월 09일자〉

승강기 안에 갇히는 사고 발생 시 대처요령

영화나 드라마를 보면 승강기 안에서 주인공이 위험에 처한 장면이 나온다. 승강기는 일상에서 자주 이용하는 시설이지만 안전사고의 위험이 있는 공간이다.

다음은 한국승강기안전공단에서 집계한 승강기 사고 총괄현황이다.

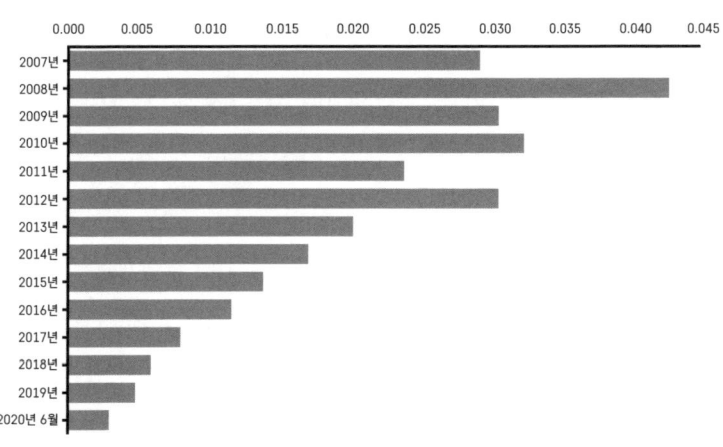

출처: 한국승강기안전공단 홈페이지

8 수익을 극대화하는 경영전략

승강기 사고의 절반 이상은 이용자 과실이다. 승강기 이용자 과실로 사고가 발생해도 이용자에게 모든 책임을 물을 수는 없다.

중소형호텔의 승강기는 언제든지 사고가 발생할 수 있음을 염두에 두고 모든 직원은 승강기 사고 발생 시 대처요령을 숙지해야 한다. 사고 발생시 행동 요령 등의 직원 교육을 사전에 실시해야 한다.

만약, 승강기 안에 고객이 갇히는 사고가 발생하면 고객은 크게 당황한다. 승강기에 탑승한 고객은 다음과 같이 행동해야 한다.

〈승강기 내 갇힘 사고 발생 시 고객 대처요령〉
첫째, 승강기 안에 갇혔을 때는 비상 버튼을 눌러 갇혀 있음을 알려야 한다.
둘째, 인터폰 통화가 되지 않을 때는 승강기 내에 부착된 비상연락망 전화번호나 119로 구출요청 전화를 해야 하며, 큰소리로 외부에 알린다.
셋째, 갇혀 있어도 추락이나 질식할 위험이 없으므로 스스로 탈출하려 하지 말고, 전문 기술자나 119구조대 등이 구출해 줄 때까지 침착하게 기다린다.

대처요령에서 주의할 점이 있다. 정지된 승강기에서 탈출하려고 문을 강제로 열거나 영화처럼 비상환기구로 올라서지 않도록 하고, 구조대가 도착해 구출될 때에는 반드시 구조요원의 안내에 따라 이동해야 한다.

중소형호텔의 직원은 승강기에 고객이 갇히는 사고가 발생하면 어떻게 대처해야 할까? 우선 승객을 안심시키고 구조대에 연락하거나 승강기관리업체에 연락해서 최대한 빨리 고객이 탈출할 수 있도록 조치를 취한다. 승강기 안전관리자가 24시간 상주하는 곳이 아니라면 구조대나 전문가의 조언에 따라 행동하는 것이 가장 현명한 대처방법이다.

비상탈출도구는 수시로 점검한다

몇 해 전에 경기도의 아파트에서 대형 화재사고가 발생했다. 화재가 발생했을 당시에는 큰 불이 아니었지만 시간이 지남에 따라 점차 확대돼서 아파트의 절반 이상이 화재피해를 당했다. 당시 아파트에는 소방시설이 제대로 갖춰져 있지 않았다. 일부 시설을 갖추고 있었지만 사용한 적이 없어서 작동이 안 되는 시설이 대부분이었다. 노후된 시설이 제대로 작동하지 않아서 사고가 확대되었다. 화재에 대한 대비를 철저히 하지 못했던 사람들의 안전불감증이 한 몫을 했지만, 시설을 제대로 갖추지 못한 것도 사실이었다.

중소형호텔은 많은 사람이 이용하는 숙박시설이다. 고객은 호텔의 구조를 모르기 때문에 피난통로를 표시하고 화재에 대한 대비를 철저히 해야 한다. 우선 소화기 점검부터 한다. 소화기는 비상상황이 발생하면 누구든 이용할 수 있도록 각 층마다 잘 보이는 곳에 배치한다. 최근 객실 내 소화기를 비치하는 숙박업소가 늘고있다. 주기적으로 소화기를 점검해서 사용할 때, 분사가루가 뭉쳐 있지 않도록 관리한다.

완강기도 소화기만큼 중요하다. 과거 중소형호텔에서 화재로 인해 인명

사고가 발생한 적이 있다. 객실에 있던 고객은 화재가 발생한 것을 알아차리고 5층 높이에서 완강기로 탈출을 시도했다. 탈출을 시도했지만 안타깝게도 완강기에 문제가 발생해서 현장에서 사망했다. 보통 건물을 짓고 철거할 때까지 한 번도 사용하지 않는 것이 완강기다. 완강기 점검을 소홀히 해서 대형사고로 이어지지 않도록 정기적으로 완강기를 점검해야 한다.

비상용 조명등도 관리한다. 비상 조명등은 시간이 지나면 건전지가 소모되므로 손전등의 고장 유무와 함께 건전지가 충분한지도 점검한다. 작동하지 않으면 건전지를 교체한다. 비상상황에 가장 필요한 것이 비상 조명등이다. 전기가 차단되어 시야를 확보할 수 없는 상황에서 꼭 필요하다.

비상시 탈출을 위한 도구는 반드시 정기적으로 점검해야 한다. 우리가 만일의 사태를 위해 보험에 가입하듯 비상탈출도구도 만일의 사태에 대비해 관리에 소홀함이 없어야 한다.

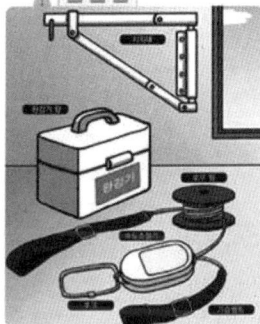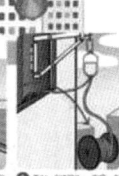

맺음말

기부를 통해 사회적 기업으로 거듭나자

　중소형호텔 실무 경영을 설명하는 책에서 기부에 대한 내용이 나와서 좀 어리둥절할 수도 있겠다. 중소형호텔도 우리 사회의 한 축을 이룬다. 사회를 구성하는 일원으로서 사회적 책임을 져야 한다. 기업의 사회적 책임은 이윤 추구, 고용확대 등의 경제적인 책임부터 사회에 공헌하는 활동까지 모두 포함한다. 사회공헌 가운데 기부활동은 자율에 맡겨진다. 사회공헌을 하지 않아도 비난을 받거나 직접적인 피해는 없다.

　우리나라의 기부문화는 아직 걸음마 단계다. 기부활동 대표적인 사례는 마이크로소프트의 빌 게이츠다. 빌 게이츠는 2010년부터 재산의 절반 이상을 기부하는 '기빙 플레지 Giving Pledge' 운동을 벌였으며, 전 세계 122명의 부자들이 이 운동에 동참하고 있다. 빌 게이츠의 배우자 멜린다 게이츠는 '빌앤멜린다게이츠재단'을 설립하여 전 세계 빈곤 문제에 힘쓰고 있어 전 세계 기업가들에게 기부활동의 모범이 되고 있다. 이 외에도 워렌 버핏은 재산의 99%를 사회에 환원하겠다는 의사를 밝혀 주목을 받기도 했다. 기업의 특성과 잘 맞는 기부활동으로 눈길을 끄는 기업도 있다. 유엔난민기구, 유니세프 등과 파트너십을 맺어 기부활동을 하는 기업도 여러 곳 있다. 기업의 특성에 맞는 기부활동으로 사회적 기업으로 홍보 효과를 높인 사례도 많다.

　우리나라 중소형호텔 중에도 기업의 특성에 맞는 영역에서 기부활동을 하는 곳이 있다. 몇 년 전부터 서울의 한 중소형호텔은 예약한 고객이 당일 호텔을 찾지 않을 경우 노쇼$^{No\ Show}$ 객실 이용 금액을 매출에 포함시키지 않고 자선단체에 기부하고 있었다. 이 중소형호텔은 예약자가 10만 원의 객실료를 결제하고 방문하지 않았을 때 예약금의 2배에 해당하는 금액을 자선단체에 기부하는 형태였다.

　기부자의 이름은 중소형호텔이나 대표자가 아니라 예약자 이름으로 기부해 예약하고 방문하지 않은 고객들에게 좋은 인상을 남겼다. 처음부터 홍보를 목적으로 기부활동을 시작한 것이 아니기에 많은 사람들에게 알려지지는 않았지만 중소형호텔 직원들은 경영자의 투명한 경영과 기부활동으로 인해 소속감과 충성도가 높아졌다. 사회공헌 활동을 하는 중소형호텔은 자체적으로 운영하는 홈페이지와 블로그 게시판에 정기적으로 공지하며 기부활동을 이어가고 있다.

　게스트하우스도 중소형호텔과 다르지 않다. 게스트하우스는 대부분 예약하고 방문하기 때문에 예약한 고객의 방문율이 높다. 여행자들은 대부분 예약 시간에 맞춰 도착하지만 간혹 방문하지 못하는 고객들이 있다. 게스트하우스는 숙박료가 저렴해서 예약금이 큰 편은 아니지만 금액의 많고 적음을 떠나 좋은 일에 쓰인다면 예약금을 입금하고 방문하지 못한 고객들도 큰 손해를 봤다는 생각은 갖지 않을 것이다. 고객이 다음 여행을 할 때 해당 게스트하우스를 예약하고 다시 찾을 가능성도 높아진다.

숙박업소에서 기부활동을 할 때 유의할 점이 있다. 홍보나 마케팅을 위해서 기부활동을 하는 것은 좋지 않다. 만약 홍보하기 위해 기부활동을 하면 오히려 많은 사람들에게 반감을 일으킬 수 있고 기부활동을 하지 않는 것보다 못한 결과를 가져올 수도 있다는 사실을 기억해야 한다.

이 책을 계기로 모든 숙박업 경영자와 직원이 고객 만족도를 높이고 사회에도 공헌하는 기업이 되기 바란다.

장준혁

숙박업소 운영매뉴얼 제작해 드립니다

숙박TV를 통해 여러 숙박업소 사장님의 문의를 많이 받는다. 프런트 직원의 상황별 대처 요령, 청소직원의 실수로 고객이 이용 중인 객실의 문을 열었을 때 대처 방법 등 숙박업소에서 발생한 구체적인 상황에 대한 문의와 숙박업소 경영과 운영, 직원 관리에 관한 내용이 많다. 이 모든 것을 숙박업소 특성에 맞춘 운영매뉴얼로 만들어 제공한다.

숙박업소 경영은 두 가지만 기억하면 된다. 첫 번째는 MICK(마케팅, 시설, 청결, 친절)을 기반으로 작성된 숙박업소 운영매뉴얼 제작이다. 두 번째는 운영매뉴얼이 현장에 녹아들 수 있도록 제대로 교육받은 직원 한 명이다. 제대로 교육받은 직원 한 명이 객실 매뉴얼, 시설관리 매뉴얼, 고객응대 매뉴얼 등을 기반으로 숙박업소의 시스템을 안착시키는 것이다.

숙박업소 특성에 맞춘 운영매뉴얼이 숙박업소의 체계적인 경영 시스템을 만든다. 모든 상황에는 매뉴얼이 필요하다. 구체적으로 작성한 매뉴얼이 비상 상황을 해결한다. 숙박업소 운영매뉴얼도 마찬가지다. 상황에 따라 경영자가 구두로 지시하는 숙박업소는 주먹구구식 경영을 하게 된다. 숙박업소 운영매뉴얼은 한 번의 제작으로 반영구적인 사용이 가능하다.

운영매뉴얼은 숙박업소 규모와 무관하다. 대형 관광호텔부터 중소규모 숙박업소까지 운영매뉴얼로 경영 시스템을 만들 수 있다.

숙박업소 홍보는 유튜브 숙박TV에서 해결합니다

세계 1위 동영상 플랫폼은 무엇일까? 바로 유튜브다. 유튜브에는 없는 영상이 없다고 할 만큼 다양한 영상을 제공하고 있다.

숙박업계를 대표하는 유튜브 채널 중 하나는 '숙박TV'이다. 숙박TV로 다양한 문의를 한다. 고객이 숙박업소를 이용하는 방법, 숙박업소 경영에 대한 질문, 숙박업소 추천까지 다양하다. 숙박업소의 궁금증, 이용 팁, 추천 숙박업소 정보를 영상으로 만나고 싶은 소비자의 니즈를 알 수 있다.

많은 숙박업소가 홍보를 위해 유튜브에 영상을 올린다. 숙박TV채널에는 조회수가 200만 회를 넘는 영상도 있다. 숙박업소 유튜브 광고는 선택이 아닌 필수가 되었다. 고객들은 숙박업소 정보를 텍스트로 읽기보다 영상으로 본다. 유튜브 광고는 한 번의 제작으로 무제한 홍보가 가능하다. 한 숙박업소는 프런트에 설치된 대형 TV를 통해 24시간 유튜브 광고자료를 노출하여 홍보효과를 높이고 있다.

숙박TV

운영매뉴얼 제작 | 숙박TV

문의 02-6082-9981 | 이메일 selast@naver.com